MANUAL
PARA LA PREPARACION DE
INFORMES Y TESIS

MANUAL PARA LA PREPARACION DE INFORMES Y TESIS

DIRECTORA
IRMA GARCIA DE SERRANO

AYUDANTES DE INVESTIGACION
NORBERT RIVERA MORALES
HILDA NOEMI GONZALEZ DE VARNER
RAQUEL AMADEO DE PASSALACQUA

EDUPR
EDITORIAL DE LA
UNIVERSIDAD DE PUERTO RICO
1992

PREPARADO POR LA OFICINA DE
INVESTIGACIONES DE LA ESCUELA
DE ADMINISTRACION PUBLICA
DE LA UNIVERSIDAD DE PUERTO RICO

Primera edición, 1961
Reimpresiones: 1965, 1967, 1969,
1971, 1972, 1973, 1975, 1976,
1977, 1978, 1980, 1981, 1983 feb. sept.,
1984, 1985, 1988, 1990, 1992

ISBN 0-8477-2312-7

Impreso en los Estados Unidos de América
Printed in the United States of America

Editorial de la Universidad de Puerto Rico
Apartado 23322
Estación de la Universida de Puerto Rico
Río Piedras, Puerto Rico 00931-3322

PREFACIO

LA NECESIDAD urgente que tienen los estudiantes de la Escuela de Administración Pública y del Colegio de Ciencias Sociales de una guía que les sirva para la preparación de sus ensayos y tesis, nos animó a preparar este manual. A medida que el proyecto fue desarrollándose, consideramos que también podría ser útil a los investigadores y a los funcionarios públicos que preparan informes. Pensamos que un manual de esta naturaleza podría ayudar a hacer más precisa y uniforme la presentanción de los numerosos informes gubernamentales, y tal vez a hacerlos más comprensibles y eficaces. Luego, estimamos que podría beneficiar igualmente esta guía a todo el personal que participa en una u otra forma en la tarea de revisar dichos informes y presentarlos de una manera definitiva.

Para llevar a cabo nuestros variados propósitos, hemos incluido capítulos sobre la selección y definición de un tema; el uso de bibliotecas; la preparación de un bosquejo; y la presentación de bibliografía y notas al calce. Las técnicas de lectura, de notas, de tablas y gráficas, así como las de redacción y presentación del trabajo han sido también discutidas en detalle, ya que éstas facilitan la labor del investigador. Los capítulos siguen el orden que a nuestro juicio es más recomendable para realizar un trabajo de investigación. Sin embargo, cada capítulo puede consultarse separadamente, o en relación con los otros, y será el lector quien determine la forma que más se ajusta a sus necesidades.

Conviene hacer ciertas advertencias que pueden ayudar en el uso de este manual. En primer término, debemos aclarar que hemos consultado los excelentes libros y manuales publicados por diversas universidades y casas editoras de los Estados Unidos. En nuestra evaluación del material, cuando existían criterios opuestos en cuanto a las reglas y a su aplicación, escogimos el que consideramos más apropiado a nuestro idioma y a nuestro medio e hicimos las modificaciones necesarias. En algunas ocasiones, y por parecernos más práctica y sencilla, conservamos la manera norteamericana de citar, especialmente en lo que se refiere a la redacción de notas al calce, bibliografía, y citas de leyes y de fallos judiciales y administrativos.

Debido a limitaciones de imprenta, se eliminó el uso del subrayado en las notas bibliográficas, en las notas al calce y en todos aquellos casos en que el texto requería su uso. En su lugar se han utilizado las italicas. Insistimos que al hacer los trabajos a máquina debe usarse el subrayado en las ocasiones mencionadas.

En el manual no se incluyen reglas gramaticales ni todas las normas de estilo. Tampoco hay secciones sobre vocabulario y expresiones gramaticales. Aquéllos que no tengan una preparación adecuada en estos aspectos deberán buscar la información en las obras pertinentes para que sus trabajos sean escritos con corrección y elegancia.

Esta guía será más valiosa si se utiliza como un libro de consulta y para ese propósito debe usarse el índice detallado que se encuentra al final del volumen.

Se inició este trabajo como un proyecto de la Oficina de Investigaciones de la Escuela de Administración Pública de la Universidad de Puerto Rico, y ha sido posible gracias a la dedicación y el esfuerzo de diferentes miembros del personal de la Escuela, quienes han colaborado conmigo en diversas fases del proyecto. Los directores de la Escuela —Pedro Muñoz Amato, Adolfo Fortier Ortiz, Justino Díaz Morales, Jorge Morales Yordán (director actual)— aprobaron el proyecto y con la colaboración de José Santiago Cano, Ayudante del Director, facilitaron los trámites administrativos para realizar el trabajo. En la búsqueda de los datos pertinentes y en la revisión de los mismos trabajaron Norbert Rivera Morales, Hilda Noemí González de Varner y Raquel Amadeo de Passalacqua, ayudantes de investigación de la Escuela. El capítulo que se relaciona con la preparación de gráficas y tablas fue escrito por el profesor Carlos Lastra, quien generosamente accedió a nuestra petición al efecto. Carmen Gautier de Bhatia e Irma Martínez de Monclova, quienes también ocuparon plazas de ayudantes de investigación, trabajaron por un breve tiempo en distintas etapas del proyecto. Colaboraron en la tarea de leer y releer pruebas de imprenta Nélida M. de Muñoz Amato, Juan Figueroa, Rosita Ferrer y Angel Ruiz, Directora y ayudantes actuales de la Oficina de Investigaciones de la Escuela, quienes ofrecieron sugestiones para mejorar el contenido. La labor mecanográfica fue realizada por Minerva Velázquez de Agosto.

A todos ellos deseamos expresar nuestro agradecimiento así como a otras personas del Gobierno del Estado Libre Asociado de Puerto Rico que brindaron su ayuda desinteresada mediante consejos y sugestiones. Son ellos: Jorge Felices, Editor del Negociado de Presupuesto, quien nos aconsejó sobre los detalles técnicos de imprenta; Néstor Rigual, Secretario de la Cámara de Representantes de Puerto Rico, quien leyó la parte que se relaciona con dicho organismo, asesorándonos sobre el mismo; y Alvin Mayne, Director del Negociado de Economía y Estadísticas de la Junta de Planificación, quien cedió gentilmente algunos de los clisés que aparecen en la obra. Gabriel Franco, Profesor de Economía de la Universidad de Puerto Rico, hizo indicaciones sobre el estilo; Margaret S. Hall, Catedrática Asociada del Colegio de Derecho de la Universidad de Puerto Rico, leyó la parte referente a materias legales e hizo las correcciones pertinentes; y Jenaro Baquero, Instructor del Colegio de Ciencias Sociales, colaboró en la redacción del capítulo de gráficas. Antonio F. Matos, Bibliotecario Auxiliar del Departamento de Circulación de la Biblioteca General; Noemí Colón, Bibliotecaria de la Sala de Documentos y Mapas; y Albertina Rosa, Bibliotecaria del Colegio de Ciencias Sociales, revisaron las secciones pertinentes al uso de la biblioteca e hicieron varias sugestiones. A todas estas personas damos nuestras más expresivas gracias.

I. G. S.

INDICE GENERAL

CAPÍTULO I

SELECCION DEL TEMA

La selección de un tema apropiado es el paso inicial en todo proyecto de investigación. Esta resulta ser una labor penosa para los principiantes; no pocas veces se sienten confusos e impotentes. Su primera impresión es la de que todos los temas están agotados, y esto es porque su inexperiencia les hace proceder con ligereza, pues carecen aún de la meticulosa prudencia que caracteriza al investigador avezado. Conciben y descartan ideas sin ponderar detenidamente las posibilidades de estudio que encierra cada una de ellas. El menor obstáculo se convierte en barrera inaccesible y descartan los temas sin pensar que precisamente detrás de cada uno de ellos puede haber un nuevo enfoque del problema, que proporcione brillo y originalidad al estudio.

¿DONDE PUEDEN OBTENERSE IDEAS QUE AYUDEN A LA SELECCION DE UN TEMA?

El neófito en el campo de la investigación no percibe las posibles áreas de estudio que le rodean porque, como ya dijimos, no ha desarrollado la curiosidad inquisitiva del verdadero investigador, que le instigue constantemente a preguntarse el por qué de las cosas; a ver posibilidades de cambio; a no conformarse con lo que se supone que sea, sino a hacer su propio análisis en busca de las verdades y luego establecer sus propios juicios. Por esta razón muchas veces ignora la rica cantera de problemas que necesitan y exigen verdadero estudio, problemas que quizás, irónicamente, por estar demasiado cerca no los ve, o porque se refieren a otras áreas, a otras culturas.

¿Cómo puede el investigador evitar temas extensísimos, demasiado generales y de dudosa validez? ¿Cómo puede aprender a percibir los problemas? ¿Dónde puede conseguir ideas que le ayuden a la selección de un tema objeto de estudio? ¿Cómo seleccionar un problema que sea de verdadero interés para él y quizás de utilidad para otros?

1. El investigador debe primeramente hacer un examen de sus experiencias —reconsiderando temas que alguna vez hayan despertado su curiosidad y que, por falta de tiempo o de estímulo adicional, no ha tratado de explorar. Un repaso de las notas tomadas en clases seguramente le harán recordar algunos. Las sugerencias obtenidas en lecturas, conferencias, etc., sobre diversos temas, pueden reactivar su curiosidad en un área específica.

2. Las entrevistas con personas versadas en determinado campo de actividades, y que puedan ser de interés para el investigador, le brindarán innumerables posibilidades de exploración en áreas problemáticas.

3. Los informes de investigaciones ya publicados, o en proceso de publicación, constituyen otra posible fuente de problemas. Mediante un examen de lo que se ha escrito sobre un problema pueden encontrarse nuevas ideas, contradicciones, incongruencias, lagunas, deficiencias en los procedimientos usados, conclusiones no probadas, etc.

4. Las bibliografías, en libros, enciclopedias, o proporcionadas por personas versadas en la materia, nos pueden dar una idea del enfoque que se ha dado a diversos temas, indicando las áreas aún vírgenes.

5. Las listas, corrientemente publicadas, de tesis y ensayos, los artículos de revistas, los libros de texto, y los artículos que aparecen en las enciclopedias suelen ser un estimulante valioso, ya que plantean problemas aún sin resolver.

6. Es recomendable adoptar una actitud crítica frente a los estudios ya hechos, con el propósito de ver si plantean nuevos problemas o nuevas fases en la investigación.

FACTORES A CONSIDERAR EN LA SELECCION DE UN TEMA

Interés

El investigador debe seleccionar un tema por el que tenga particular interés, ya que, sólo cuando éste existe y hay curiosidad intelectual, se consulta el mayor número de fuentes de información y se mantiene una actitud crítica y alerta. Es importante que el investigador se pregunte a sí mismo cuál es la base de este interés. ¿Lo motivan razones puramente intelectuales? ¿Le interesa el tema porque va a ser de provecho inmediato en su trabajo? ¿Será útil para los que lo rodean o para él mismo? ¿Por qué? ¿Conseguirá mejor remuneración si su trabajo es aceptado y publicado?

Es conveniente que el investigador se enfrente a preguntas similares, ya que así podrá determinar concienzudamente el grado de interés que le impulsa a seguir el estudio. Lo importante es darse cuenta de que está suficientemente interesado para llevar a feliz término el estudio y no dejar la investigación a medias. Es por eso recomendable escoger temas sobre materias que no se conozcan al dedillo, porque se corre el riesgo de que el proyecto no resulte de verdadera investigación y, por el contrario, se convierta en una recopilación de datos sabidos de antemano, carentes de originalidad y de razón de ser.

Se recomienda no adoptar el primer tema que parezca ser interesante, ya que ésta no es la mejor práctica. Se deben buscar varias alternativas. Luego, éstas deben sopesarse con cuidado, buscando las que sean de mayor interés y posible utilidad. Una idea recomendable es la de hacer un tarjetero preliminar de posibles temas.

En el caso de que se asigne un tema al investigador sin darle oportunidad de participar en el proceso de selección, éste tiene que interesarse a fondo por dicho problema, como condición para una eficaz labor de investigación. Una reevaluación personal de las motivaciones que determinaron la selección del problema seguramente ha de proporcionar los estímulos necesarios para desarrollarlo.

Duplicación

El investigador no tiene que descubrir por necesidad nuevos mundos, pero debe cuidar de que la elaboración de un tema no vaya a redundar en duplicación de lo que se ha escrito ya. El peligro no está en que el tema haya sido estudiado con anterioridad, pues una hipótesis puede presentarse y analizarse un sinnúmero de veces. Lo que constituye duplicación es que se vayan a usar las mismas técnicas de investigación y el mismo enfoque. Como los problemas que confronta la humanidad siguen un proceso de cambio continuo, siempre habrá nuevos aspectos dignos de ser estudiados. No debe ignorarse ninguna alternativa que brinde un nuevo enfoque de un problema, pero, a la vez, hay que tener sumo cuidado con los temas ya trillados.

Prejuicios

El investigador no debe permitir que prejuicios de índole alguna nublen el razonamiento cuando selecciona un tema. Puede ocurrir que se ofusque con algún tema únicamente porque esté prejuiciado con tal o cual aspecto de determinada área y quiera probar que es suya toda la razón. Si va a seleccionar un problema con juicios ya formados de antemano puede caer en uno de estos dos graves peligros: (1) que, siguiendo el curso de sus pasiones, viole las reglas que impone la investigación científica, v. gr. buscando pruebas que corroboren sus opiniones, ocultando o ignorando aquellas otras que demuestren todo lo contrario, en cuyo caso la validez de la investigación queda automáticamente viciada; (2) que, si es un verdadero investigador, en el sentido de la honradez y el amor a la verdad, que sigue las normas de la investigación objetiva al pie de la letra, sufrirá una decepción a medida que los hechos vayan destruyendo sus nociones preconcebidas, optando entonces por abandonar el tema, después de haberle dedicado tiempo y energía.

La curiosidad debe ser completamente imparcial y ajena a presiones externas. Se debe mantener una actitud de crítica imparcial en todo momento y tener conciencia de que se va en busca de la verdad.

¿Es o no realizable el proyecto?

Fuentes de información utilizables. Un tanteo inicial de cuáles son las posibles fuentes de información, con anterioridad a la selección del tema, es altamente recomendable. El investigador debe cerciorarse de que podrá tener acceso a bibliotecas, archivos y personas que le ofrezcan suficiente documentación. Asimismo, debe establecer relaciones con los cuerpos judiciales y legislativos y con los distintos departamentos ejecutivos y otras agencias gubernamentales que cuentan con bibliotecas y oficinas de información dispuestas a rendir servicio informativo.

Tiempo y costo. Los factores de costo y de tiempo deben ser medidos y evaluados. Sin embargo, no deben sobreestimarse, ya que antes de conocer los límites del tema en detalle [1] no pueden establecerse con absoluta certeza los costos, el tiempo, la energía y los recursos requeridos para llevar a cabo un determinado proyecto de investigación.

Utilidad

El investigador deberá plantearse el problema de si la obra que se propone realizar será útil a la comunidad, a su cargo de estudio o a sí mismo. Este factor de utilidad está íntimamente ligado al de interés; mientras mayor sea la posibilidad de producir un estudio útil, mayor ha de ser el interés en el proyecto.

Instrumentos de investigación y pericia para manipularlos

Muchas veces nos entusiasmamos con un tema que es realmente virgen, en el cual no existen estudios previos, ni fuentes documentales de referencia, o bien el material es muy escaso. Por consiguiente, hemos de depender principalmente de las averiguaciones que hagamos nosotros mismos sobre el terreno. En este punto el investigador debe someterse a un autoanálisis de sus conocimientos y de la destreza en el proceso de colección, clasificación, análisis, interpretación y presentación de datos. Debe probar su capacidad en la elaboración de cuestionarios, en la manera de hacer

---

1. Vea el capítulo sobre definición del problema, págs. 5-8.

entrevistas y censos, y también conocer la metodología estadística. Precisa, además, repasar sus conocimientos relativos a la debida presentación de los datos, y a la preparación de gráficas y tablas. Estas técnicas elementales debe manejarlas con destreza [1].

Una vez que los diferentes temas se hayan evaluado, tomando como pauta los criterios anotados anteriormente, el investigador tiene ante sí la labor de definir su problema. Para ello debe estudiar detenidamente el capítulo siguiente.

1. Para una orientación clara y concisa sobre las técnicas elementales de la metodología estadística, particularmente en el campo de las ciencias sociales, consulte a Mary B. Novick y Víctor Hernández Méndez, *Statistical Graphic Presentation* (Río Piedras: 1949), John M. Pfiffner, *Research Methods in Public Administration* (Nueva York: 1940), Caps. XI, XII y XIII: Pauline V. Young, *Scientific Social Surveys and Research* (Nueva York: 1946), Caps. XI, XII y XIII.

CAPÍTULO II

DEFINICION DEL PROBLEMA

Una vez seleccionado el tema procede definirlo. Esto es, hay que delimitar su ámbito y sus dimensione. Habrá que plantear todos sus aspectos y el posible alcance de los mismos, evaluar cada uno de ellos y medir su importancia relativa, teniendo en cuenta los fines del estudio. Tras la debida evaluación viene el establecer un orden de preferencias entre todos los aspectos seleccionados. Mientras el investigador escudriña las innumerables variables relacionadas en alguna forma con el aspecto total del tema, escogiendo unas y descartando otras, se compenetra cada vez más con los objetivos que persigue. Al terminar la definición del problema, los objetivos válidos de su investigación se habrán fijado profundamente en su mente.

El proceso de definir el tema consiste en formular una serie de preguntas completas y detalladas que:

1. establezcan las áreas y el periodo de tiempo a cubrir;
2. planteen los temas y subtemas del estudio;
3. expliquen los puntos de vista y las teorías sobre los cuales descansa el problema;
4. indiquen las semejanzas y diferencias con otras áreas;
5. expongan el propósito del estudio y
6. describan el método a seguir para buscar los datos.

Asuma una actitud reflexiva. Antes de proseguir en la investigación, piense detenidamente qué conocimientos posee sobre el tema. A base de los conocimientos ya adquiridos y utilizando como marco de orientación los puntos arriba expuestos, comience a formularse preguntas y anótelas.

El próximo paso consiste en consultar las fuentes documentales primarias, i. e., obras enciclopédicas, libros de texto y otras publicaciones de clasificación similar. A la luz de estos nuevos conocimientos se le ocurrirán preguntas más detalladas, más precisas. Anótelas.

Luego, discuta con personas versadas en el tema. Anote sus impresiones, pues los comentarios que han de hacerle las personas conocedoras del problema seguramente le abrirán nuevos rumbos especulativos.

Finalmente, analice las observaciones hechas por otros investigadores que abordaron el mismo tema en circunstancias similares a las de su propuesta investigación. Estos dos últimos pasos le revelarán los puntos que han sido ampliamente investigados, así como los que han recibido poca o ninguna consideración.

Los factores de tiempo, costos y fuentes de información disponibles requieren cuidadosa consideración durante la definición del problema. Debe haber plena seguridad de que se puede contar con fuentes de referencia apropiadas [1]. Hay que tener conciencia en todo momento de las limitaciones impuestas por los recursos a mano, particularmente de tiempo y de fondos. Con frecuencia, éstos resultan ser los atolladeros más serios para el inves-

1. Vea el capítulo "Cómo usar una biblioteca y sus fuentes de información", infra, págs. 9-57.

tigador. Por muy entusiasmado que esté con el estudio que proyecta, y aunque el campo de investigación ofrezca canteras de información inagotables, tiene que ajustar el campo del enfoque a estas dos consideraciones, acomodando juiciosamente su tiempo y sus fondos a las distintas fases del proyecto. Sin lugar a dudas, ésta es una fase decisiva del proceso de definición.

Si después de este intento para definir el tema descubre que ha escogido un trabajo muy amplio y que le será imposible discutirlo satisfactoriamente dentro del tiempo con que cuenta para ese menester, deberá abandonarlo, ya que el estudio resultaría ser muy superficial. Lo aconsejable en ese caso es que proceda a limitar el tema reduciendo su contorno para poderlo discutir en su totalidad.

Los datos y las sugerencias arriba enumeradas, cuando se utilizan a conciencia como instrumentos de orientación, llevan al investigador a determinar con aceptable certeza los límites y profundidad que deben tener los varios aspectos de su estudio.

LAS PREGUNTAS

La idea central

Una de las preguntas formuladas debe ser ésta: "¿Qué puedo yo probar con mi estudio?" Esta pregunta proporciona la idea central o tesis del estudio y debe dársele la elaboración más esmerada. El investigador debe aislarla en seguida y darle la mayor visibilidad posible. Una excelente idea es subrayarla o trazar un círculo rojo a su alrededor.

La idea central va a constituir la vértebra del proceso mental del investigador en sus pesquisas y análisis subsiguientes. Le servirá de guía y de freno en todas sus indagaciones y se proyectará en todos los confines del problema.

Las ideas auxiliares

Una vez seleccionada la pregunta que encierra la idea clave, localice y organice de todas aquéllas formuladas las que, a su juicio, complementen o auxilien la elaboración de la idea central. Escoja únicamente aquéllas que pueden ser contestadas con los recursos (de tiempo, dinero y datos) disponibles o asequibles. Descarte: (1) las no esenciales para la exposición del tema; (2) las que no puedan contestarse con los recursos disponibles y (3) las que tengan aspectos duplicados.

Mientras más amplio sea el tema, mayor será el número de problemas subalternos que pueden surgir. Cabe aquí señalar que cada pregunta seleccionada deberá plantear un problema subalterno distinto que habrá que definir y elaborar. Las definiciones de los problemas auxiliares envueltos pueden ser más o menos amplias, dependiendo de las exigencias del tema central.

Finalmente, cuántos y cuáles problemas va usted a seleccionar y cómo los va a analizar y presentar dependerá de su buen juicio en apreciar y medir efectivamente todos los recursos disponibles.

Ejemplo

Supongamos que el tema central escogido sea: La selección de los empleados públicos en Puerto Rico. Un buen enfoque del problema invariablemente le planteará una serie de preguntas.

Estas preguntas le indicarán el área y las fases que el estudio cubre:

1. ¿Qué fases cubre el proceso de selección de empleados?
2. ¿Podré estudiarlas todas con los recursos con que cuento, o tendré que seleccionar sólo alguno de sus aspectos? ¿Cuáles? ¿Por qué?
3. ¿Se estudiará el proceso de selección para todas las distintas clases de empleados públicos (oficinistas, ejecutivos, administrativos, etc.)?
4. ¿Se estudiará el proceso de selección para todos los empleados públicos en los tres distintos servicios: exento, por y sin oposición?

Estas preguntas le indicarán el período de tiempo a cubrir:

5. ¿Se analizará solamente el sistema de selección que existe en la actualidad, o se hará también referencia a los sistemas usados anteriormente? ¿Qué fechas vamos a tomar como punto de partida? ¿Por qué?

Estas preguntas le indicarán las teorías a estudiar:

6. ¿Cuáles son las teorías sobre las cuales descansa cada uno de los aspectos de selección de empleados? ¿Se discutirán todas?
7. ¿Debo ilustrar cuál ha sido el efecto de estas teorías en el sistema de personal de Puerto Rico?
8. ¿Existen diferencias en el sistema de selección que prueben que se ha ajustado este sistema a las características especiales de Puerto Rico?

Estas preguntas le plantearán las posibles comparaciones con otros sistemas:

9. ¿Qué comparaciones puedo establecer con otros sistemas de selección? ¿Cuáles países escogeré para la comparación? ¿Por qué? ¿Hay una relación entre ellos y Puerto Rico?
10. ¿Con qué propósito hago la comparación?

Estas preguntas destacarán en relieve el propósito del estudio:

11. ¿Con qué propósito voy a hacer el estudio? ¿Puedo probar que el sistema de selección que se usa está al día?
    ¿Puedo probar que en Puerto Rico se están usando métodos modernos de selección?
    ¿Puedo probar que el sistema de selección que se usa ha variado, y en forma beneficiosa?
    ¿Puedo probar que el sistema de selección que se usa ha tenido sus raíces en otros países, pero que se ha adaptado al pueblo de Puerto Rico? ¿Qué otras cosas puedo demostrar mediante el estudio?

Estas preguntas le indicarán el proceso de investigación:

12. ¿Se utilizarán cuestionarios? ¿Para qué? ¿Por qué?
13. ¿Se utilizarán entrevistas para la búsqueda de datos? ¿Son necesarias? ¿Por qué? ¿En qué aspectos? ¿A qué funcionarios debo entrevistar?

14. ¿Con qué tiempo y recursos cuento para la elaboración del tema seleccionado?

15. ¿Cuáles son las fuentes bibliotecarias disponibles?

Considerando los factores ya enumerados en las páginas anteriores, el investigador procede a hacer la evaluación y selección de la idea central que va a servir de marco a su trabajo. La idea central apropiada en este caso puede girar en torno a la pregunta número 11: "¿Puedo probar que en Puerto Rico se están usando métodos modernos de selección?" Esta es la pregunta esencial y alrededor de ella va a desarrollarse la labor de investigación.

Luego procede la localización y agrupación de las ideas auxiliares o subproblemas. Rigiéndose por sus recursos irá seleccionando y reagrupando unas y descartando otras. En tal forma podrá el estudioso enmarcar su problema y sabrá exactamente la finalidad de su investigación.

CAPÍTULO III

COMO USAR UNA BIBLIOTECA Y SUS FUENTES DE INFORMACION

Seleccionado y definido el tema, el investigador tiene que reunir sistemáticamente la documentación necesaria para su elaboración. Las siguientes notas brindan algunos detalles útiles para el uso más eficaz de las bibliotecas y de sus fuentes de información.

ARREGLO Y CLASIFICACION DE LIBROS

El arreglo de los libros en los anaqueles de una biblioteca es uno de los puntos sobre los cuáles debe tenerse un conocimiento claro. Para ordenar sus fuentes de información las bibliotecas siguen normas uniformes de clasificación. En la actualidad muchas instituciones americanas y europeas han adoptado normas de clasificación que se rigen básicamente por el llamado Sistema *Dewey*, ideado por Melvin Dewey en 1876. Este agrupa en diez clases el conjunto de los conocimientos humanos y los sistematiza en cifras que van de 0 a 9. Cada división principal se subdivide en otras diez que pueden separarse en otras tantas indefinidamente.

TABLA DE LA CLASIFICACION DECIMAL DE DEWEY

O. OBRAS GENERALES

010 Bibliografía; Catálogos
020 Biblioteconomía
030 Enciclopedias generales
040 Ensayos generales
050 Revistas generales
060 Sociedades generales; Academias
070 Periódicos
080 Poligrafía; Colecciones
090 Bibliofilia; Manuscritos; Incunables

1. FILOSOFIA

110 y 120 Metafísica general y especial
130 El alma y el cuerpo
140 Sistemas filosóficos
150 Psicología general
160 Lógica; Dialéctica
170 Ética
180 Filósofos antiguos
190 Filósofos modernos

2. RELIGION

210 Religión natural
220 La Biblia
230 Teología doctrinal
240 Teología práctica, moral, mística y ascética
250 Obras pastorales y parroquiales
260 Iglesias y su organización
270 Historia general de la Iglesia
280 Iglesias y sectas cristianas
290 Religiones no cristianas

3. CIENCIAS SOCIALES, DERECHO

310 Estadística
320 Política
330 Economía política
340 Derecho; Legislación
350 Administración pública; Arte militar
360 Previsión; Asistencia pública; Asociación; Seguros
370 Enseñanza; Textos escolares
380 Comercio; Comunicaciones; Transportes (Aspecto económico social)
390 Etnología; Folklore; Costumbrismo; Feminismo

4. FILOLOGIA LINGÜISTICA

410 Lingüística comparada
420 Filología inglesa
430 Filología alemana, escandinava y holandesa
440 Filología francesa
450 Filología italiana y rumana
460 Filología española y portuguesa
470 Filología latina
480 Filología griega
490 Filología de otras lenguas (orientales, eslavas, semíticas, etc.)

5. CIENCIAS PURAS

510 Matemáticas
520 Astronomía; Geodesia
530 Física
540 Química; Mineralogía
550 Geología; Geofísica
560 Paleontología
570 Ciencia biológica; Prehistoria
580 Botánica
590 Zoología

6. CIENCIAS APLICADAS

610 Medicina; Higiene
620 Ingeniería
630 Agricultura; Economía forestal

640 Economía doméstica
650 Técnica del comercio, de las comunicaciones y de los transportes
660 Industrias químicas
670 Manufacturas
680 Artes y oficios
690 Construcción

7. BELLAS ARTES

710 Arquitectura de jardines; Urbanismo
720 Arquitectura
730 Escultura
740 Dibujo y decoración; Artes aplicadas
750 Pintura; Ilustración
760 Grabado
770 Fotografía
780 Música
790 Juegos y deportes

8. LITERATURA

810 Estética y crítica literaria [1]
820 Literatura inglesa y americana [2]
830 Literatura alemana y otras lenguas germánicas
840 Literatura francesa
850 Literatura italiana y rumana
860 Literatura española y portuguesa
870 Literatura latina
880 Literatura griega
890 Literaturas diversas (orientales, eslavas, semíticas, etc.)

9. HISTORIA Y GEOGRAFIA

910 Geografía y viajes
920 Biografía; Genealogía; Heráldica
930 Historia antigua
940 Historia moderna, Europa
950 Historia moderna, Asia
960 Historia moderna, Africa
970 Historia moderna, América del Norte
980 Historia moderna, América del Sur
990 Historia moderna, Oceanía; Regiones Polares

El Sistema *Dewey* ha sido complementado en muchas bibliotecas con la clasificación conocida como Sistema *Cutter-Sanborn* (en honor a sus inventores), que da secuencia alfabética a las obras de acuerdo con el apellido del autor. De manera que cada libro está provisto de una signatura, compuesta de dos partes: el número de clasificación *Dewey*, que indica la materia de que trata la obra; y el número *Cutter-Sanborn*, que corresponde al apellido del autor y a la primera palabra del título del libro. A manera de

---

1. En la Biblioteca General de la Universidad de Puerto Rico la clasificación 810 corresponde a literatura inglesa y americana, excepto colecciones.
2. La clasificación 820 corresponde a literatura inglesa, en la Biblioteca General de la Universidad de Puerto Rico.

ilustración: la signatura del libro de Mosher, Kingsley y Stahl, ***Administración de Personal en el Servicio Público*, es 351.1**
M911a.

El número 351.1 es el número de clasificación por materia de acuerdo con el Sistema *Dewey*, ya que el 351 corresponde a Administración Pública.

El número M911a es el número *Cutter-Sanborn*, que corresponde a una clasificación por el apellido del autor. La letra que precede a la numeración es la primera del apellido del autor; la letra que sigue a la numeración es la primera del título del libro. Esta clasificación combinada produce una ordenación de todas las obras por tema, y dentro de cada tema, por el orden alfabético de los autores [1].

Casi todas las bibliotecas que usan el sistema arriba mencionado (conocido generalmente como sistema decimal) omiten la numeración *Dewey* en las obras biográficas y en las novelescas, y la substituyen por una "B" *(biography)* y una "F" *(fiction)* respectivamente. En cuanto a la numeración *Cutter-Sanborn* para obras biográficas, la letra de la izquierda corresponde al nombre de la persona objeto de la biografía, y la letra de la derecha responde al apellido del autor.

Ejemplo:

Signatura	Autor y título
B	Sierra Berdecía, Fernando
P 371s	Antonio S. Pedreira, buceador de la personalidad puertorriqueña.

EL CATALOGO [2]

Una de las técnicas básicas de investigación consiste en saber hacer un uso eficaz de los catálogos o ficheros de cualquier biblioteca. Los catálogos constituyen una relación detallada de todas y cada una de las fuentes de información asequibles en la biblioteca. Cada catálogo refleja esa relación por medio de tarjetas, las que siguen patrones de ordenación alfabética, de acuerdo con su contenido. Hay tarjetas denominadas respectivamente de autor, de título, de asunto y de referencias. Suele haber siempre varias tarjetas que identifican cada fuente de información simultáneamente por su autor, por su título y por su contenido, lo que indica que es posible localizar determinada obra buscándola independientemente bajo cualesquiera de esas alternativas.

Las tarjetas de autor, de título y de asunto contienen la siguiente información:

La signatura del libro
El nombre del autor, apellido primero, y las fechas de nacimiento y muerte
El título de la obra
El pie de imprenta, que comprende el lugar de publicación, la imprenta o casa editora, la edición (si no es la primera) y la fecha de publicación
La relación del número de páginas, ilustraciones, gráficas, etc.

---

1. Las Bibliotecas de la Universidad de Puerto Rico usan en sus catálogos la clasificación decimal *Dewey*, acompañada de la clasificación numérica *Cutter-Sanborn*.

2. Muchas bibliotecas (entre ellas figuran todas las de la Universidad de Puerto Rico) siguen el bien conocido sistema de catalogación de la Biblioteca del Congreso de los Estados Unidos. Así tienen la ventaja de que la Biblioteca del Congreso les suministra, a bajo costo, las fichas de catálogo debidamente cumplimentadas para todas sus obras. Naturalmente, el inglés rige como idioma oficial para dichos catálogos.

Notas especiales complementarias que incluyen: la serie, notas sobre su contenido, bibliografía, etc.
Información para uso del bibliotecario

Las tarjetas están encabezadas según su clase: las de autor, por el nombre del autor o autores; las de título, por el título de la obra; las de tema, por la materia correspondiente.

Tarjeta de autor. Estas tarjetas colocan en primera posición el autor del libro, y siguen con la información pertinente al libro. Vea el siguiente modelo [1]:

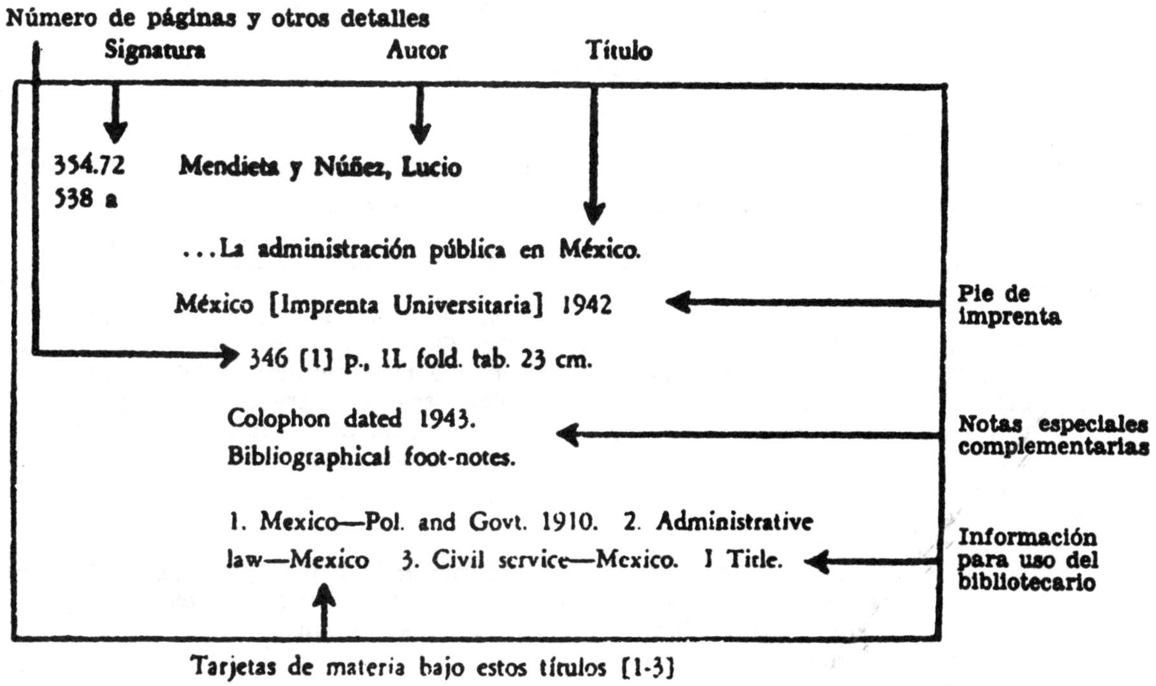

Las tarjetas de autor de algunos catálogos traen al dorso uno o varios números en serie. Esta numeración, conocida como número de ejemplares *(accession number)*, indica el número de copias de la obra que hay en la biblioteca —cada serie corresponde a una copia. Otro lugar donde se puede averiguar rápidamente el número de copias de cada obra es el llamado Indice Topográfico *(Shelf List)*, que usa el bibliotecario para llevar un inventario continuo de las existencias de la biblioteca.

Tarjeta de título. Estas tarjetas conceden más importancia al título de la obra. Ayudan al investigador a localizar un libro, aun desconociendo el nombre del autor.

Ejemplo:

El título ocupa la primera posición; todos los demás datos son idénticos a los de la tarjeta del autor.

---

1. Según el sistema de catalogación de la Biblioteca del Congreso de los Estados Unidos adoptado por la Biblioteca General de la Universidad de Puerto Rico. Las otras ilustraciones que siguen utilizan el mismo sistema.

La administración pública en México

354.72 Mendieta y Núñez, Lucio
M 538 a

. . . La administración pública en México.

México [Imprenta Universitaria] 1942.

346 [1] p., 1L fold. tab. 23 cm.

Colophon dated 1943
Bibliographical footnotes.

1. Mexico—Pol. and Govt.—1910. 2. Administrative law—Mexico. 3. Civil service—Mexico. I Title.

Tarjeta de tema o asunto. La función de estas tarjetas es agrupar todas las obras que tratan de materias similares. Esto permite al investigador averiguar rápidamente qué documentación le puede proporcionar la biblioteca sobre determinado asunto. Cada obra en las bibliotecas ha pasado por los rigores de un desglose de materia; su contenido ha sido clasificado bajo los diversos temas que pueda haber en ella y cada tema está debidamente registrado en tarjetas individuales en el catálogo.

Ejemplo:

Encabezamiento de materia. La materia o asunto de la Tarjeta se escribe con lápiz en color, o con letras mayúsculas para su mejor identificación. (Todos los demás datos son idénticos a los de la tarjeta de autor.)

MEXICO—POL. & GOVT.—1910

354.72
M 538 a Mendieta y Núñez, Lucio

. . . La administración pública en México.

México [Imprenta Universitaria] 1942.

346 [1] p., 1L fold. tab. 23 cm.

Colophon dated 1943.
Bibliographical footnotes.

1. Mexico—Pol. and Govt.—1910. 2. Administrative law—Mexico. 3. Civil service—Mexico. I Title.

Tarjeta de referencia. Estas tarjetas remiten al investigador a otras tarjetas del catálogo. La tarjeta de referencia (llamada *See Card*) le indica bajo qué tema, título o autor está catalogada y ordenada la información que busca.

Ilustraciones:

GOBIERNO DE PUERTO RICO Vea P. R. POLITICA & GOBIERNO

PUERTO RICAN GOVERNMENT See P. R. POLITICS & GOVERNMENT

El mismo principio se aplica para ciertos autores, particularmente en lo que se refiere a aquéllos conocidos por seudónimos, o principalmente por el apellido. Se establece para dichos autores un nombre oficial bajo el cual se incluyen todas sus obras. Se usan tarjetas de referencia para indicarlo así.

Ilustraciones:

LOPE DE VEGA **Vea** **VEGA CARPIO, FELIX LOPE DE**

LOPE DE VEGA **See** **VEGA CARPIO, FELIX LOPE DE**

Ilustraciones:

TIRSO DE MOLINA
Vea
TELLEZ, GABRIEL

TIRSO DE MOLINA
See
TELLEZ, GABRIEL

Hay entre las tarjetas de referencia las denominadas fichas de llamada *(See Also Cards)*. El propósito de éstas es sugerir al investigador otros temas que guardan alguna relación con determinada materia.

Ilustraciones:

P. R. POLITICA & GOBIERNO

Vea también

P. R. LEY CONSTITUCIONAL

P. R. POLITICS & GOVERNMENT

See Also

P. R. CONSTITUTIONAL LAW

Las fichas de llamada se encuentran archivadas al final del grupo de tarjetas que cubren determinado tema.

Ordenación de las tarjetas del catálogo [1]

1) Las tarjetas están ordenadas palabra por palabra y no letra por letra. Esto quiere decir que las palabras compuestas se alfabetizan principalmente por la primera palabra.

1. *Manual del estudiante* (Río Piedras, P. R.: 1944), págs. 4-6.

Ejemplos:

Palabra por Palabra

New Jersey
New York
Newark
Newspapers
Newton

Letra por Letra

Newark
New Jersey
Newspapers
Newton
New York

2) Cuando se usan abreviaturas, la palabra abreviada se considera en su totalidad.

Ejemplos:

Dr. como Doctor
St. como Santo
Col. como Coronel
P. R. como Puerto Rico
N. Y. como New York

3) Los artículos iniciales no se consideran en la ordenación, se ordenan de acuerdo con la primera palabra que le sigue al artículo.

Ejemplos:

El centauro se ordena bajo la "C"
La barraca se ordena bajo la "B"
La nueva constitución de Puerto Rico, se ordena bajo la "N"

Cuando el artículo inicial es indispensable para darle sentido de unidad a la oración se considera a los fines de alfabetizar.

Ejemplo:

Lo que vendrá.

4) Los libros escritos por un autor se encuentran antes de los libros escritos sobre el mismo autor por otros escritores.

Ejemplos:

Hostos y Bonilla, Eugenio Ma. *Tratado de sociología.*
Hostos y Bonilla, Eugenio Ma. ***Grandes escritores de América,*** por Rufino Blanco Fombona.

5) El prefijo "Mc" se alfabetiza como si se escribiera "Mac".

6) Los números, aunque aparezcan en cifras, se alfabetizan de acuerdo con la palabra equivalente.

Ejemplos:

1914 Diary se encuentra en "N" *(Nineteen Fourteen Diary)*
100 Autores contemporáneos se encuentra en la "C" *(Cien autores contemporáneos)*.

7) Los apellidos simples se ordenan antes de los apellidos compuestos:

Ejemplos:

Muñoz, Diego
Muñoz, Ramón
Muñoz Marín, Luis
Muñoz Rivera, Luis

8) Las subdivisiones de historia se disponen cronológicamente:

Ejemplo:

Estados Unidos

U. S. History — Colonial period
U. S. History — Revolution
U. S. History — War of 1812
U. S. History — Civil War

Puerto Rico

Puerto Rico — Grito de Lares, 1868
Puerto Rico — Guerra de 1898

Solicitud y búsqueda de libros en los anaqueles

Para solicitar o buscar personalmente un libro ya localizado en el catálogo, anote la signatura, el autor y el título —datos que han de servir de guía para su pronta localización en los anaqueles.

Muchas bibliotecas proveen formularios especiales de solicitud, los que exigen, además, incluir el nombre del solicitante. Estos formularios, si es posible, deben conservarse y añadírseles la información concerniente a los datos de publicación y al número total de páginas del libro, ya que estos datos resultan de gran utilidad en la preparación de las bibliografías.

NORMAS INDIVIDUALES PARA EL FUNCIONAMIENTO DE LAS BIBLIOTECAS [1]

Las bibliotecas siguen distintos criterios de organización para su mejor funcionamiento. Por lo general, las de muchos volúmenes se ven precisadas a organizarse a base

1. En el Apéndice B—Biblioteca de la Universidad de Puerto Rico: Descripción, Horario y Salas; y en el Apéndice C—Bibliotecas departamentales: Ciencias Sociales, Derecho y Ciencias Naturales, se ilustran las reglas individuales de funcionamiento de las bibliotecas de la Universidad de Puerto Rico.

de departamentos, cada departamento con su catálogo y con normas individuales de servicio. Entre los departamentos que se organizan están los de circulación, de reserva, de referencias, de revistas, de documentos públicos, y de arte (drama, música, pintura, etc.). Toca al investigador cerciorarse de antemano del tipo de organización que tiene la biblioteca que visita, para que no pierda su tiempo buscando a tientas.

Una vez que el investigador esté relacionado con la organización y funcionamiento de la biblioteca, le será más fácil encaminarse directamente a las fuentes de información.

FUENTES DE INFORMACION [1]

OBRAS DE REFERENCIA

Vamos a dar atención especial a este tipo de obra, ya que por lo común la obra de referencia es la que provee la información básica que sirve de guía en todo proyecto de investigación. Hay obras de referencia prácticamente para todas las áreas del saber. Sin duda alguna ha de ser de gran provecho para todo investigador un conocimiento general de la naturaleza, así como de las diversas categorías de éstas.

Se clasifican como de referencia las obras escritas y/o compiladas para suplir información sobre diversos temas discutidos en secuencia alfabética, por materia o por autor. Se incluyen en esta categoría todas las obras enciclopédicas, toda clase de diccionarios, anuarios, directorios, guías, manuales, átlas, índices y bibliografías.

También se consideran de referencia los trabajos que resultan ser extensos documentos de reconocimiento mundial, cuya circulación tiene que ser limitada o estrictamente supervisada por su enorme valor y/o por su limitadísimo número.

A continuación ofrecemos una breve reseña sobre las obras de referencia en los idiomas inglés y español, mejor conocidas y de mayor utilidad para el investigador [2].

Diccionarios generales de lenguaje

Estos proveen el significado, pronunciación, ortografía y origen de las palabras de distintos idiomas. Indican los sinónimos, antónimos, anglicismos, frases corrientes, y diferentes interpretaciones de una palabra.

Entre los diccionarios más conocidos en el idioma castellano deben enumerarse los siguientes:

Diccionario ilustrado de la lengua española

Incluye los vocablos incorrectos y los extranjerismos que con mayor frecuencia se usan, señalados con asteriscos y seguidos de la equivalencia española con que deben sustituirse; da normas para la conjugación de los verbos irregulares y para la formación de verbos plurales anómalos. La última edición incluye palabras recientemente admitidas por la Real Academia Española, especialmente una gran cantidad de términos técnicos y científicos.

---

1. El autor Martín Alonso provee un resumen de las obras más famosas así como de las fuentes de referencia mejor conocidas en el mundo de habla hispana en su libro *Ciencia del lenguaje y arte del estilo* (Madrid: 1955), Cap. IV, págs. 590-645.

2. La descripción de los libros ha sido traducida y adoptada de información que se encuentra en estos mismos, y en el *Guide to Reference Book* (Chicago: 1951), el *United States Government Publications* (Nueva York: 1949) y en el *Manual del estudiante,* preparado en la Biblioteca General de la Universidad de Puerto Rico.

Nuevo pequeño Larousse ilustrado

Contiene secciones de Lengua, Locuciones, Historia, Mitología, Biografía y Geografía. Incluye los artículos enciclopédicos, especialmente los relativos al buen decir: acentuación, aumentativos, diminutivos, abreviaturas, americanismos, galicismos, lexicografía, etc.; lengua, letras, ciencias, artes, etimología, desarrollos enciclopédicos; un repertorio analógico de 1,500 grupos de palabras afines; los anónimos, los contrarios, los parónimos, las locuciones proverbiales, los refranes más corrientes; las locuciones latinas y extranjeras; resúmenes históricos, geográficos, literarios; biografía de los contemporáneos ilustres; notas relativas a las principales obras de toda la literatura; monografía de las obras de arte célebres: monumentos, cuadros, grabados, estatuas, óperas cómicas, etc.; los tipos y personajes literarios y sociales; grabados; cuadros enciclopédicos; retratos; mapas geográficos.

Vox, diccionario general ilustrado de la lengua española

Incluye el neologismo científico, recoge los barbarismos más generalizados, calificándolos siempre como tales a fin de advertir al lector; incluye, en medida prudente, las creaciones de los artistas de la palabra cuando se han lexicalizado lo bastante como formas de expresión incorporadas a la comunidad lingüística; dialectalismos españoles, escogidos entre los de mayor área geográfica o entre los que están autorizados por el uso literario; americanismos; nombres propios, los que se han lexicalizado y se han convertido en comunes (caín, lazarillo, tenorio, etc.), y los que sin haber perdido su carácter de nombre propio se usan en la conversación para aludir a situaciones determinadas, o como términos de comparación.

Algunos de los diccionarios generales de la lengua inglesa que deben ser conocidos son:

Funk and Wagnall's, New Standard Dictionary of the English Language

Incluye, además del significado, pronunciación y ortografía de las palabras, una lista alfabética de todas las palabras corrientes; nombres propios, biográficos, geográficos, mitológicos y bíblicos. Incluye (en apéndices), la pronunciación de las palabras controversiales; reglas para vocabulario simplificado; palabras y frases extranjeras, y estadísticas sobre población.

Murray's New English Dictionary on Historical Principles, conocido como el *Oxford Dictionary*.

Incluye todas las palabras comunes del idioma hablado y escrito, dándole importancia a las de la ciencia y la filosofía. Dentro de la terminología científica y técnica, incluye todas aquellas palabras en inglés que están al alcance del lector corriente y todas aquéllas en otros idiomas cuyo uso es familiar dentro del lenguaje científico. Incluye, además, palabras de la dialéctica del siglo XVI en adelante.

Aunque el diccionario es más bien técnico y científico, pueden conseguirse americanismos y palabras del argot corriente.

El diccionario tiene además un suplemento parcial que incluye palabras de los últimos cincuenta años; problemas modernos en relación a las palabras, evidencia de su uso anterior; correcciones y ampliaciones de definiciones anteriores.

Este diccionario puede ser usado como una enciclopedia ya que contiene datos históricos.

Webster's New International Dictionary of the English Language

Sus páginas están divididas en dos secciones: la parte superior contiene las palabras principales del idioma; y la inferior, en letra de bastardilla, las que menos se usan por lo raras y obsoletas. Incluye, además del vocabulario principal, las siguientes secciones: palabras nuevas; diccionario biográfico, diccionario geográfico, abreviaturas y símbolos; y en un apéndice, las formas para dirigirse a distintas personalidades.

Algunos de los diccionarios bilingües (inglés-español y español-inglés) son:

Cuyás, Arturo, *Appleton's New English-Spanish and Spanish-English Dictionary*

Contiene más de 6,000 palabras y 25,000 acepciones, términos técnicos, etc., que no se consiguen en publicaciones similares. Da indicación sobre la pronunciación así como la conjugación de verbos irregulares.

University of Chicago Spanish Dictionary

Contiene cerca de 30,000 vocablos de uso común en los idiomas inglés y español. Cada sección posee una introducción donde se ofrece información sobre pronunciación, sufijos y verbos irregulares.

Vélázquez de la Cadena, *A New Pronouncing Dictionary of the Spanish and English Languages*

Da indicaciones sobre la pronunciación y el significado de las palabras.

Williams, Edwin, *Spanish & English Dictionary*, conocido también con el nombre de *Holt Dictionary*.

Contiene alrededor de 100,000 palabras en inglés y en español, así como un sinnúmero de modismos y palabras del habla cotidiana. Se ofrecen detalles sobre pronunciación e inflexión de verbos, nombres y pronombres en ambos idiomas. Contiene, además, una lista de designaciones y abreviaturas para cada parte.

Diccionarios especiales

Los diccionarios especiales son aquéllos que limitan su contenido al vocabulario específico de determinadas materias. Entre ellos hay diccionarios de filosofía, religión, economía, educación, psicología, sociología, literatura, historia, contabilidad, comercio, ciencias puras y ciencias aplicadas. También los hay de abreviaturas, anglicismos, sinónimos y antónimos.

Ejemplos:

Alfaro, Ricardo J., *Diccionario de anglicismos*

Incluye enumeración, análisis y equivalencias castizas de los barbarismos, extranjerismos, neologismos y solecismos de origen inglés que se han introducido en el castellano contemporáneo. Incluye también advertencias a los traductores.

Bouvier, *Law Dictionary*

Incluye la diferencia entre palabras y frases; casos relacionados que ilustran las palabras y frases; y hace comparaciones con las leyes de otros países y con otros digestos o tratados donde se discute el tema.

Fairchild, Henry Pratt, *Diccionario de sociología*

Artículos cortos, de diferentes autores, dando definiciones de términos sociológicos. Publicado en inglés y en español.

Horton, Joseph Byrne, Julian Ripley, y M. R. Schnapper, *Dicctionary of Modern Economics*

Diccionario popular de artículos cortos, diseñado para estudiantes de colegio. Define términos usados en teoría económica y práctica. Incluye biografías de 120 economistas famosos de varios períodos y nacionalidades.

Sáinz de Robles, Federico Carlos, *Ensayo de diccionario español de sinónimos y antónimos*. Revisado periódicamente.

Diccionario de sinónimos y antónimos; diccionario etimológico; de ideas afines; y de ideas sugeridas por las palabras.

En cada grupo están separados debidamente los sinónimos que se refieren: a) a las cosas; b) a las personas; c) a las acciones; d) a las frases hechas de una vigencia popular. La edición consta de cerca de 9,000 antónimos, cuyas referencias se hacen generalmente a los verbos o sustantivos sinónimos, y sólo a los adjetivos cuando éstos no tienen su verbo o su sustantivo originador.

Diccionarios biográficos

Hay tres categorías de diccionarios biográficos, a saber: (1) generales —aquéllos que incluyen biografías de personas que se hayan destacado en alguna forma en cualquier parte del mundo; (2) nacionales o regionales —se limitan a biografías de hombres ilustres en algún país o región en particular; y (3) profesionales u ocupacionales —dedicados a biografías de hombres que descuellan en determinados campos del saber.

Dentro de estas categorías se publican diccionarios que limitan su contenido a personas ya desaparecidas; otros incluyen sólo personas vivas, y otros no hacen distinción de clase alguna en este respecto. Los datos biográficos mencionan fecha de nacimiento, nacionalidad, datos sobre la familia, estado civil, educación, posiciones que ha ocupado, libros y otras publicaciones. Se provee además la dirección de su residencia y sitio donde trabaja.

Algunos de los diccionarios biográficos generales que se usan con más frecuencia son:

Current Biography; Who's News and Why—1940 al presente.

Publicación anual que incluye biografías y fotografías de personas prominentes de diversas nacionalidades y ocupaciones. Es exclusivamente para contemporáneos, principalmente aquéllos que se han distinguido en el año de la publicación.

International Who's Who—1935 al presente.

Publicación anual con biografías de personas prominentes (vivas y muertas) de todas nacionalidades y ocupaciones. Incluye un apéndice con datos de las familias reales reinantes.

Webster's Biographical Dictionary—1943 al presente.

Biografías de personas ilustres (contemporáneas y no contemporáneas) de diversas nacionalidades y ocupaciones; pronunciación y división silábica de cada uno de los apellidos de las personas mencionadas, y del rango o posición de las personas biografiadas. Incluye una lista de los funcionarios principales de los Estados Unidos: los presidentes, los jueces del Tribunal Supremo, los miembros de los diversos departamentos, de las cámaras legislativas, y los agentes diplomáticos.

Who Knows———and What—1949.

Notas biográficas de personas consideradas autoridades en su campo. Incluye personalidades de diversas partes del mundo.

World Biography—1948 al presente.

Publicación anual que incluye biografías de personas prominentes de todas partes del mundo y de diversos campos del saber.

Entre los diccionarios biográficos nacionales, algunos de los más conocidos son:

En Estados Unidos:

Dictionary of American Biography—21 vols., 1949.

Biografías de personas prominentes en los Estados Unidos. Incluye bibliografías al final de los artículos.

National Cyclopedia of American Biography, 35 vols.—1892-1949.

Datos biográficos de personalidades americanas para los años 1892-1949. Información obtenida de los familiares; artículos sin firmar y sin bibliografías.

Who's Who in America—1897 al presente.

Contiene datos biográficos sobre personalidades contemporáneas de América.

Who Was Who in America—1897-1942; 1943-1950.

Contiene las biografías de las personalidades que aparecieron en el *Who's Who in America*, y que por muerte fueron eliminados de éste.

En Inglaterra:

Dictionary of National Biography—1908-1909; suplementos hasta el 1949. Vuelto a imprimir en el 1939.

Incluye biografías de personalidades inglesas, artículos extensos y excelentes bibliografías.

Who's Who—1849 al presente.

Publicación anual que contiene breves reseñas sobre ingleses contemporáneos.

Who Was Who—1897 al presente.

Contiene las biografías de las personalidades que aparecieron en el *Who's Who* y que por muerte fueron eliminadas de éste.

En América Latina:

Diccionario enciclopédico U.T.E.H.A., 10 vols.—1950, 51, 52.

Incluye, además del vocabulario general, biografías de personas ilustres en diversos campos del saber. Ultimamente se han publicado dos apéndices.

Enciclopedia U.T.E.H.A. para la juventud, 10 vols.—1953-1956.

Incluye artículos biográficos cortos de personas ilustres en diversos campos del saber.

Who's Who in Latin America, 7 vols.—1935.

Incluye información sobre personalidades de América Latina. No se publica regularmente.

En España:

Diccionario de literatura española.—1949.

Contiene biografías, artículos sobre las formas literarias, términos literarios, etc. Todos los artículos son firmados.

Enciclopedia universal ilustrada europeo-americana (Espasa), 1905-1933; suplemento 1934, vuelto a imprimir en 1939. 70 vols., más 10 apéndices y suplementos.

Incluye notas biográficas de personalidades ilustres, y dedica un volumen y parte de otro a información sobre España.

Enciclopedia U.T.E.H.A. para la juventud

Vea la descripción en la sección anterior.

En Puerto Rico:

Diccionario de literatura puertorriqueña—1955.

Recuento de la historia literaria puertorriqueña, con un diccionario biográfico y bibliografía sobre cada autor.

El libro del año—1956-1957.

Incluye datos históricos, datos de actualidad y datos biográficos sobre puertorriqueños.

Quién es quién en Puerto Rico—1933-1942.

Incluye biografías de personas ilustres de Puerto Rico para los años 1933-1942; índice de clasificación por profesiones, por universidades o colegios de donde fueron graduados, y el lugar de residencia.

Existen también diccionarios que incluyen sólo a profesionales que se encuentran ejerciendo actualmente. Los hay para profesiones tales como ciencia, teatro, pintura, música, filosofía, comercio, derecho, aviación y educación.

Ejemplos:

American Men of Science
Dictionary of Authors
United Nations Who's Who in Government and Industry
Who's Who in Commerce
Who's Who in Education
Who's Who in Law
Who's Who in Literature
Who's Who in Philosophy

Enciclopedias

Incluyen información detallada sobre los distintos temas del conocimiento universal: literatura, filosofía, religión, historia, arte, economía, gobierno y ciencias puras y aplicadas. Las enciclopedias se dividen en generales y especiales. Las generales son aquéllas que contienen artículos sobre temas de las distintos campos del saber. Las especiales se limitan a un solo tema. Sobre los países incluyen datos tales como su posición, características físicas, divisiones políticas, gobierno y funcionarios.

Enciclopedias generales:

Columbia Enciclopedia—1 vol., 2da. ed., 1950.

Es útil para localizar información con rapidez. Contiene nombres de ciudades, países, etc., así como biografías incluyendo las de personas vivas. Indica la pronunciación y da contrarreferencias a otros temas que puedan ampliar la información que ella ofrece. Al final de cada artículo hay una bibliografía corta.

Enciclopedia Americana—29 vols., 1903 al presente.

Artículos cortos, profusamente ilustrados y con bibliografías al final de algunas secciones.

Enciclopedia Británica—29 vols., 1768 al presente.

Contiene información sobre todos los campos e incluye 41,000 artículos firmados, ilustraciones, mapas, bibliografías, etc.

Enciclopedia universal ilustrada, europeo-americana (Espasa)—70 vols., 1905 al presente.

Artículos extensos escritos por autoridades de distintas partes del mundo. Tiene excelentes ilustraciones, bibliografías y biografías de personas ilustres. Contiene palabras con su etimología, y versiones de las voces en distintos idiomas: francés, italiano, inglés, alemán, portugués, catalán y esperanto.

Enciclopedia U.T.E.H.A. para la juventud—10 vols., 1953-1956.

Artículos cortos e ilustrados. Contiene un análisis detallado de la historia, gobierno, economía e instituciones sociales de los países de Norte y Sur América y España, y artículos escritos por autoridades de los estados y las provincias a las cuales pertenecen.

Enciclopedias especiales:

Catholic Encyclopedia—17 vols., 1907-22.

Ofrece información sobre la constitución, reglamentos, doctrina e historia de la Iglesia Católica. Incluye artículos, bibliografía e ilustraciones. Es útil como referencia sobre arte, historia y filosofía medievales.

Enciclopedia judaico-castellana—10 tomos, 1948-1951.

Ofrece datos sobre la historia, movimientos políticos, vida social y económica de los judíos. Incluye información de los idiomas y obras literarias judías y notas biográficas de personas cuya actuación ha sido y es de significación para los judíos.

Encyclopedia of Religion and Ethics—12 vols., 1908-27.

Es un diccionario con breves artículos sobre la teología de las religiones, denominaciones y cultos principales. Contiene biografías y algunas bibliografías anotadas.

Encyclopedia of the Social Sciences—15 vols., 1930; reeditada en 1937.

Incluye información básica de las ciencias sociales puras, y en los respectivos temas hace énfasis en la relación de cada ciencia con las otras disciplinas relevantes. Incluye información sobre ética, educación, filosofía, psicología (identificadas por los editores como semiciencias sociales) y sobre biología, geografía, medicina, filología y arte (identificadas como ciencias con consecuencias sociales). Incluye artículos cortos y extensos con contribuciones originales. Incluye, además, biografías de personas que han contribuido al desarrollo de las ciencias sociales.

Jewish Encyclopedia—12 vols., 1901-06.

Historia, religión, literatura y costumbres de los judíos desde los primeros siglos al presente. Contiene biografías y descripciones de la situación de los judíos en todo el mundo.

Anuarios

Este tipo de libro de referencia se publica anualmente e incluye información reciente sobre los diversos aspectos del saber. Es útil para conseguir datos estadísticos de todas clases y para obtener información sobre acontecimientos mundiales de importancia.

Anuario estadístico de la Junta de Planes de Puerto Rico

Incluye datos de Puerto Rico sobre población, clima y otras características físicas, estadísticas demográficas, la agricultura, salud, bienestar general, banca, hacienda pública, comercio exterior, crimen, instrucción, construcción y viviendas, transportación y comunicación. La información aparece en inglés y en español en un mismo volumen.

Anuario estadístico interamericano—1942.

Incluye secciones de industria, cuestiones sociales, cooperación internacional, transporte, comunicación, población, salud, finanzas.

Information Please Almanac

Se publica anualmente desde 1947. Contiene información sobre temas variados y una sección dedicada a un tema de interés. Por ejemplo, el de 1948 contiene una guía política que incluye información sobre los candidatos presidenciales, los resultados de las elecciones, etc.

Pan American Yearbook—1945.

Incluye descripción de cada país con información histórica, geográfica y cultural—énfasis principal en estadísticas y condiciones económicas. Incluye la sección *Who's Who in Inter-American Trade.*

South American Handbook—1924.

Anuario y guía de los países y recursos de Centro y Sur América, México y Cuba. Incluye mapas, información al viajero, recursos naturales, información del gobierno, comunicación y transportación.

Statesman's Yearbook; Statistical and Historical Annual of the States of the World

Esta publicación anual comenzó en 1861. Está dividida en cuatro partes: las organizaciones internacionales, el Imperio Británico, Estados Unidos, y los demás países del mundo. La primera parte describe la organización de las Naciones Unidas y de otras organizaciones internacionales. Las tres partes siguientes están dedicadas a datos sobre el gobierno, la economía, el comercio, la cultura, etc., de los países correspondientes.

Statistical Activities of the American Nations—1940.

Servicios estadísticos y las actividades estadísticas en 22 naciones del hemisferio occidental. Información de personal estadístico.

Statistical Yearbook of the League of Nations—1926, 1942-44.

Se dejó de publicar en 1944. Resumen anual del comercio, finanzas e industria en varios países del mundo.

U. N. Statistical Office. Demographic Yearbook—1948 hasta el presente.

Incluye datos demográficos de todos los países, como por ejemplo: población, empleo, migración, natalidad, mortalidad, etc. Incluye, además, bibliografías de otras publicaciones en relación con datos demográficos de cada país en particular.

World Almanac

Se publica anualmente desde 1893. Incluye información variada sobre diversos temas. Ofrece datos estadísticos tales como el número de accidentes automovilísticos en un año, listas de los colegios y universidades en los Estados Unidos, nombres de los miembros del gabinete del presidente de los Estados Unidos, etc.

Directorios

Estos son listas alfabéticas de personas u organizaciones que indican, en casos de individuos, su dirección, teléfono, ocupación, etc. En caso de organizaciones o instituciones, indican su dirección, funciones, objetivos, publicaciones y directivas.

Se aplica este nombre también a listas alfabéticas de revistas y periódicos que indican el nombre y la dirección de la casa editora, forma de suscribirse y la frecuencia con que se publican dichas revistas.

Ayers Directory of Newspaper—1949.

Incluye revistas y periódicos publicados en Estados Unidos, Canadá, Bermuda, Cuba y las Filipinas. Incluye, además, información corta sobre ciudades, pueblos y mapas de éstos. Contiene listas de los periódicos que se publican en estos lugares, el número de ediciones y su circulación, y otra información de interés en torno a las publicaciones de periódicos y revistas.

Biographical Directory of the American Congress—1774-1927.

Contiene listas de ejecutivos en los años 1789 a 1929, una descripción del Congreso, los representantes en cada período, los representantes en los congresos por cada estado y sus biografías en orden alfabético.

Cámara de Representantes de Puerto Rico. Directorio—1953-1957.

Incluye nombres de los representantes, las comisiones permanentes y sus miembros, y fotografías de los mismos; el texto completo del Reglamento de la Cámara, de la Constitución de Puerto Rico, de la Ley 600, de la Ley de Relaciones Federales y un índice de la Constitución.

Congressional Directory—1809 al presente.

Para el Congreso: incluye notas biográficas de los miembros de la sesión cubierta y sus años de servicio; el personal de las comisiones y juntas; las sesiones del Congreso desde su comienzo, con los nombres de sus presidentes. Para la rama ejecutiva y judicial: ofrece información acerca del personal, organización y deberes de los departamentos, cortes y divisiones, con una breve reseña biográfica de los secretarios de departamentos y los jueces de la Corte Suprema. Incluye también una lista de representantes de la prensa y oficiales del servicio diplomático extranjero.

Directory of Statistical Personnel in the American Nations—1947.

Información biográfica del personal que tiene funciones relacionadas con estudios estadísticos.

Directory of the American Political Science Association—1948.

Directorio con datos biográficos de los miembros del *American Political Science Association.*

Europe, the Enciclopedia of Europe—1930 al presente.

Publicación anual mantenida al día con un servicio de suplemento. La primera parte cubre las Naciones Unidas y sus agencias especializadas; las organizaciones internacionales y la política mundial, con textos de varios documentos internacionales. La segunda parte provee información sobre cada nación europea, sobre su administración, constitución, estudios estadísticos, imprentas, estaciones de radio, asociaciones industriales, sociedades culturales, etc.

Index Generalis—1819-39.

Directorio anual de universidades, escuelas de ciencia y tecnología, observatorios, bibliotecas y archivos, sociedades y academias científicas de todos los países.

Orbis, Encyclopedia of Extra-European Countries—1938 al presente.

Directorio de las organizaciones políticas, industriales, financieras, culturales y científicas en Africa, América, Asia y Australia.

Public Administration Organization. Directory—1948.

Directorio de las organizaciones privadas en el campo de la administración pública o en los campos que se relacionan con ésta.

Public Relations Directory and Yearbook—1945.

Presenta las organizaciones, los acontecimientos, los individuos y las técnicas esenciales a los que se ocupan de las relaciones públicas.

Ulrich's Periodical Directory—1880 al presente.

Guía que menciona 7,500 revistas de Norte y Sur América y del Imperio Británico. Incluye información sobre las revistas indicando si ellas contienen ilustraciones, mapas, estadísticas, etc., y el nombre del índice de revistas donde aparecen mencionadas.

Union Catalog

Enumera las revistas y otras publicaciones alfabéticamente, indicando en cuales bibliotecas importantes de los Estados Unidos y del Canadá se encuentran las mismas.

Guías y manuales

Estos dos términos se usan indistintamente para el mismo tipo de libros. Un manual o guía es por lo general un volumen compacto que contiene todo lo esencial para el estudio de una materia específica. Su enfoque es más bien uno de carácter práctico, obviando lo teórico.

A Dictionary of American Politics

Manual que contiene las definiciones de más de 3,000 términos que se usan corrientemente en el campo de la política y el gobierno en los Estados Unidos.

Bean, Mary, *Manual español-inglés e inglés-español de palabras y términos legales*—1933.

Educational Preparation for Public Administration—1948-1949.

Manual que contiene las descripciones de los programas de estudio de 117 colegios y universidades de los Estados Unidos que ofrecen educación en el campo de la administración pública.

Gallup Political Almanac—1946.

Información electoral municipal, estatal y federal de los Estados Unidos. Información sobre elecciones especiales, porcentaje de votos, etc.

Guide to Bibliography of Theses

Guía de las diversas tesis (doctorales y del grado de maestro) en diversas universidades de los Estados Unidos.

Guide to Current Office Statistics, Great Britain

Compendio de las estadísticas que aparecen en todas las publicaciones oficiales, 1922-38.

Guide to Current Office Statistics, India

Incluye información sobre la comunicación, transportación, producción, precios y finanzas.

Guide to the Official Publications of the other American Republics

Cada volumen (por país) provee información sobre publicaciones generales, gacetas oficiales, leyes, códigos, constitución, etc., y las publicaciones de las ramas ejecutiva, legislativa y judicial.

Manual de organización del Gobierno del Estado Libre Asociado de Puerto Rico—1952 al presente.

Publicación anual que incluye datos sobre el funcionamiento, estructura y organización de los departamentos, agencias e instrumentalidades que integran las ramas legislativa, ejecutiva y judicial del Gobierno de Puerto Rico. Incluye base legal, funciones, organogramas, divisiones, etc.

Manual of Copyright Practice for Writers, Publishers, and Agents—1945.

Incluye información sobre las distintas fases del derecho de propiedad literaria, derecho de los autores, duración del derecho de propiedad, renovación, honorarios, etc.

Manual of Government Publications

Manual breve que discute las publicaciones gubernamentales de varios países del mundo con énfasis en los Estados Unidos, Gran Bretaña, la Liga de las Naciones y de las Naciones Unidas.

Manual on the Use of State Publications

Descripciones generales, más bibliografías de las publicaciones básicas de los diversos estados de los Estados Unidos.

Sources of Business Information—1949.

Manual y guía que incluye diferentes tópicos ordenados por materias, tales como estadísticas, seguros, administración, propaganda, relaciones industriales, transportación, etc. Anota bibliografías, manuales, libros de texto y revistas, con comentarios.

To Government Writers: How Does Your Writing Read?—1946.

Manual que explica los defectos de las publicaciones gubernamentales y demuestra cómo medir las dificultades en la lectura.

U. N. Statistics Office. *Monthly Bulletin of Statistics*—1947.

Trata de demostrar, con estadísticas, los cambios sociales y económicos de los diferentes países.

U. S. Bureau of Census. *Census Publications; Catalog*—1790 al presente.

Incluye todos los informes del censo de los Estados Unidos, años decenales o quincenales. Algunos censos se hacen en colaboración con dependencias del gobierno estatal.

Los censos de población incluyen la siguiente información: número de habitantes; características generales (edad, sexo, raza, estado civil, educación, empleo, ocupación, ingresos y datos por áreas); puertorriqueños en los Estados Unidos.

Los censos de negocios tienen información sobre el número de establecimientos y volumen de negocios al por mayor y al detal, por tipo de negocio.

Los censos de vivienda incluyen tenencia, número de ciudades ocupadas, renta, condición, valor de equipo, etc.

Los censos de agricultura consideran el número y tamaño de las fincas, tenencia de la tierra, número de animales y producción pecuaria, cuerdas cosechadas y volumen de producción.

Los censos de manufactura incluyen número de establecimientos, de empleados, valor agregado por la manufactura, volumen total de operaciones clasificadas por productos y por áreas geográficas.

El primer censo hecho por el Gobierno de Estados Unidos fue el de 1898 y en él aparece una descripción de la situación económica y social de la isla de Puerto Rico cuando ocurrió el cambio de soberanía.

U. S. Government Organization Manual

Publicación anual que incluye datos sobre el funcionamiento, estructura y organización de los departamentos, agencias e instrumentalidades que integran las ramas legislativa, ejecutiva y judicial del Gobierno de los Estados Unidos.

U. S. Library of Congress. *Census Library Project*

Censo general y de estadísticas en las Américas, 1943. Incluye 21 repúblicas, las secciones americanas del Imperio Británico, las colonias americanas de Dinamarca, Francia y Países Bajos, y de los territorios y posesiones de Estados Unidos.

U. S. National Office of Vital Statistics—1937-1944.

Resumen de estadísticas internacionales.

Writing Effective Government Letters—1939.

Manual sobre la correspondencia gubernamental, con énfasis en la claridad, vocabulario y uso de las publicaciones gubernamentales.

Atlas y gaceteros

Estos dos tipos de libros de referencia son útiles especialmente para localizar datos geográficos, tales como información sobre ciudades, población, montañas, ríos, etc., ya que ambos son diccionarios geográficos. El Atlas ofrece la información geográfica por medio de mapas.

Lippincott's New Gazetteer of the World—1885, primera edición; 1906, última edición.

Incluye nombres de ciudades, pueblos, ríos, etc., con detalles en cuanto a su pronunciación, otros nombres por los cuales se conoce cada lugar y algunos detalles geográficos, económicos e históricos.

Rand McNally Commercial Atlas—1949.

Contiene mapas de Estados Unidos y otros países, así como un índice general de países extranjeros y sus aspectos físicos.

Shepherd's Historical Atlas—1929.

Cubre el período desde 1450 A. C. hasta el presente.

U. S. Bureau of Census. *Summaries of Biostatistics*—1944-1945.

Mapas y gráficas, población, natalidad y mortalidad. Incluye Argentina, Bolivia, Brasil, etc.

Webster's Geographical Dictionary—1949.

Contiene más de 40,000 nombres geográficos indicando su pronunciación e información general en cuanto a población, área, localización, etc. Incluye mapas actuales y mapas históricos.

Bibliografías e índices

Las bibliografías o listas de libros sobre determinadas materias van a ayudar al lector a la búsqueda de temas que le interesan. Las bibliografías de autor ofrecen una lista de las obras completas de una persona y de las obras o artículos que se han escrito sobre ella. Las de temas dan una lista de los libros que se han escrito en distintas materias. Las nacionales incluyen los libros que se publican regularmente en cada país. Algunos ejemplos son:

Anuario bibliográfico puertorriqueño—1948-1951.

Indice alfabético por temas y por autores, de libros, folletos, revistas y periódicos publicados en Puerto Rico.

Australian Public Affairs Information Service—1945 al presente.

Publicación mensual que contiene, por temas, los libros nuevos, folletos y artículos escritos sobre política, economía, y las publicaciones del gobierno de todos los países de habla inglesa.

Bibliografía puertorriqueña de fuentes para investigaciones sociales.—1930-1945.

Desglosa, bajo temas principales, revistas, libros y folletos de autores puertorriqueños, o sobre Puerto Rico.

Catherine Seckler Hudson, *Bibliography on Public Administration, Annotated*—1953.

Incluye material publicado solamente en el idioma inglés.

Parte I: sugiere guías a referencias valiosas, material sobre investigación metodológica y publicaciones del gobierno.

Parte II: incluye referencias valiosas a lecturas en otras áreas en el campo de la administración pública.

Parte III: incluye lista de revistas pertenecientes al estudio de la administración pública, aunque limitada a aquéllas que incluyen artículos sobre el gobierno y la administración.

Economist's Handbook, A Manual of Statistical Sources—1937 al presente.

Indice alfabético por tema y países, que incluye lista de publicaciones que contienen material estadístico.

Education Index—1929 al presente.

Desglosa, bajo materia y autor, revistas, libros y folletos en el campo de la educación. Este índice, por lo tanto, cubre ampliamente toda la literatura educativa publicada.

Guide to Historical Literature—1949.

Bibliografía selecta de tratados fundamentales y fuentes documentales, ordenados por país y materia, con anotaciones de expertos en cada materia específica.

Handbook of Latin American Studies

Bibliografía anotada sobre aspectos diversos tales como antropología, economía, arte, etc., en los países latinoamericanos. Se publica anualmente desde 1936 y cada volumen contiene artículos especiales sobre diversas fases de la vida y la cultura interamericana.

Interamerican Statistical Institutions—1947.

Bibliografía anotada con índice alfabético que menciona las publicaciones estadísticas de las naciones americanas, por país, tales como censo, anuario, etc.

London Bibliography of the Social Sciences—1931-1937.

Es la bibliografía más extensa en el campo de las ciencias sociales. Incluye publicaciones, clasificadas alfabéticamente por temas, de países de habla inglesa.

Population Index—1935 al presente.

Bibliografía anotada que se publica cada cuatro meses y que contiene lista de libros y revistas que tratan las diversas fases del problema poblacional. Indice por autor, país y clase.

Public Affairs Information Service—1915 al presente.

Indice acumulativo mantenido al día sobre los libros nuevos, las revistas y los documentos del gobierno de los países de habla inglesa.

Sources of Business Information—1949.

Bibliografía en relación a estadísticas, administración, comercio, relaciones industriales, transportación, etc., en el campo del comercio.

U. S. Library of Congress Census Library Project. *National Census of Vital Statistics of Europe*—1918-1939.

Bibliografía anotada que contiene lista de los censos nacionales y estadísticas de varios países de Europa. Suplemento, 1940-1948.

Hay también bibliografías de bibliografías. Estas resumen las bibliografías existentes sobre las distintas obras en el campo del saber.

T. Besterman, *World Bibliography of Bibliographies*—4 volúmenes.

Es una bibliografía de bibliografías, catálogos, calendarios, índices, etcétera, de carácter internacional.

Los índices, al igual que las bibliografías, son listas de artículos que han aparecido en diversas revistas, periódicos, o libros, clasificados alfabéticamente por el autor y/o por la materia de la cual se escribe. Así, por ejemplo, si se quiere saber qué artículos se han escrito sobre relaciones humanas, se busca bajo éste y otros temas relacionados con el campo, y el índice indica todos los artículos sobre este tema en las diversas revistas, periódicos y libros.

Art Index

Desglosa, bajo materia y autor, más de cien revistas de arte, además de las publicaciones de los diferentes museos. Cubre materias como arqueología, arquitectura, cerámica, decoración, artes gráficas, pintura y escultura—1929 al presente.

Biography Index

Este es un índice de las biografías que aparecen diseminadas en libros y revistas. Se publica en septiembre, diciembre y marzo de cada año, con una publicación general en junio. Comenzó a publicarse en 1946. Incluye solamente libros y revistas publicadas en inglés.

Book Review Digest

Es un índice por autor y en orden alfabético de la crítica de libros nuevos escritos en inglés, que aparecen comentados en alrededor de 75 revistas inglesas y americanas. Contiene, además, un resumen de cada crítica. Cada tomo tiene un índice por materia, autor y título. Comenzó en 1905 y continúa al presente.

Essay and General Literature Index

Ofrece la siguiente información: (1) los ensayos o artículos escritos por un autor y en qué libros aparecen; (2) el autor de un ensayo, si se conoce el título; (3) material biográfico y sobre todo crítico, sobre una persona; (4) artículos y ensayos recientes sobre una materia (especialmente aquellos temas sobre los cuales no se ha escrito un libro entero, sino que han aparecido en colecciones de ensayos o partes de libros); (5) crítica de obras; (6) las diferentes publicaciones en las cuales aparece un mismo ensayo. Incluye, de literatura española, sólo aquello que aparece en revistas y libros norteamericanos. Este índice se mantiene al día con la publicación de suplementos semianuales y publicaciones acumulativas de tres y siete años. Se comenzó a publicar en 1900.

Granger Index to Poetry

Fuente de información para localizar poesías en colecciones o en antologías. Está dividido en tres secciones: (1) de autores; (2) de títulos, y (3) de primeros versos. Puede encontrarse el autor de una poesía aún si sólo se conoce el primer verso. Si además se interesa el texto completo del poema, refiere también a los libros de poesías que la incluyen. No incluye poesías en español. El suplemento que publica la Universidad de Colombia, que se ha hecho cargo de continuar este índice, se conoce como el *Granger Index Supplement*.

Index to Legal Periodicals—1908 al presente.

Indice publicado cada cuatro meses, y luego en un volumen anual. Desglosa bajo materia y autor las revistas legales de Estados Unidos.

Index to Legal Periodical Literature—1888-1937.

Cada volumen consiste de un índice por temas y autor de los artículos de revistas legales.

Indice del periódico El Mundo—1942-1957.

Desglosa alfabéticamente, por temas, asuntos relacionados con Puerto Rico que aparecen en la edición final. Indice parcial en el año 1919 y los años 1940-41.

Incluye solamente el título de los artículos sobre noticias biográficas, editoriales y noticias en general. Hace referencia a la fecha, páginas y columna de los artículos publicados en *El Mundo*.

Industrial Arts Index

Desglosa mensualmente, bajo materia, una lista selecta de revistas, libros y folletos referentes a ingeniería, comercio, finanzas, ciencia aplicada y tecnología—1913.

International Index

Desglosa, bajo autor y materia, una lista selecta de revistas en los campos de las ciencias y de las humanidades. Empezó a publicarse en 1907; continúa al presente.

Legal Periodical Digest—1928 al presente.

Digesto mensual de los artículos más importantes que aparecen en revistas legales de América, Inglaterra y Canadá. Indice por tema, por casos y por autor.

New York Times Index[1]—1913 al presente.

Da referencia a fecha, página y columna y contrarreferencia a nombres y tópicos relacionados con artículos que aparecen en la edición final del *New York Times*. Indice por autor y por materias.

Pooles Index to Periodical Literature—1802-1906.

Desglosa solamente bajo materia (con excepción de artículos de ficción) poemas y dramas que se incluyen bajo la primera letra del título que no sea un artículo. Las reseñas de libros son incluidas en dos formas: a) las reseñas de libros con materia definida se incluyen bajo tal materia; y b) las reseñas sin materia se incluyen bajo autor reseñado.

Reader's Guide to Periodical Literature

Este es un índice, por autor y materia, de artículos que aparecen aproximadamente en cien revistas americanas de carácter más o menos popular—1901 al presente.

Social Sciences Abstracts—1929-32.

Indice de los artículos publicados en revistas de ciencias sociales, por autor y por tema. Incluye resúmenes escritos por especialistas. Cubre geografía, antropología, historia, economía, ciencias políticas, ciencias sociales y estadísticas.

Indices Generales de Libros

Los siguientes son índices generales de libros, los que regularmente utilizan las bibliotecas para mantenerse al día sobre las publicaciones de libros en diversos idiomas:

Cummulative Book Index—1898 al presente.

Incluye, catalogada en orden alfabético, lista de los libros publicados en los Estados Unidos y todos aquéllos publicados en otras partes del mundo, en el idioma inglés.

General Catalog of Printed Books—1931 al presente.

Ofrece la siguiente información sobre los libros: sitio de publicación, casa editora, fecha, paginación, precio, etc.

---

1. Los periódicos deben consultarse para noticias sobre acontecimientos locales o internacionales, textos completos de discursos y decisiones de los funcionarios de las diversas ramas del gobierno, de los proyectos y de las leyes aprobadas por la Rama Legislativa, para discusiones y debates públicos, programas de partido y noticias, comentarios y críticas en general, etc.

Guide to Reference Books

Incluye los nombres de los distintos libros de referencia, con una descripción de cada uno de ellos. Incluye bibliografías, enciclopedias, revistas, periódicos, documentos del gobierno, disertaciones, diccionarios de lenguaje; libros sobre filosofía, psicología, religión, ciencias sociales, ciencias aplicadas, artes, literatura y lenguaje, geografía e historia. Menciona nombres de bibliotecas, librerías y sociedades.

LIBROS DE REFERENCIA A LOS DOCUMENTOS DEL GOBIERNO DE PUERTO RICO Y DE LOS ESTADOS UNIDOS

RAMA LEGISLATIVA

Estados Unidos

Los procedimientos y actividades de las cámaras legislativas se encuentran en diversas fuentes:

Journals

Incluyen, día a día, los procedimientos ante el Senado y la Cámara, y una lista de los proyectos y resoluciones presentadas, por su número y título [1]. Contiene las peticiones al Congreso, los mensajes anuales del Presidente y sus comunicaciones ante las cámaras.

Digest of Public Bills

Indice de los proyectos y resoluciones, por número, dando un resumen de las partes más esenciales de su texto, indicando la acción que se tomó sobre el mismo. Incluye un índice de materias sobre el asunto de dichos proyectos.

Senate and House Reports

Cuando una comisión ha completado el estudio de un proyecto que se le ha referido, prepara un informe para su respectiva cámara, donde anota sus recomendaciones y las razones para su decisión. Generalmente el informe no contiene el texto del proyecto ni las vistas, pero se mencionan éstas por número y título. Puede incluir los argumentos a favor de la acción tomada y referencias a la legislación existente o propuesta, citas de decisiones anteriores y citas de los testimonios en las vistas.

Los informes se publican y se numeran individualmente cuando se presentan en cualquier cámara como *Senate* o *House Reports*. Para identificarlos debe indicarse el número del informe, el número y la sesión del Congreso en el cual fueron presentados y el año. Si se desea, se indica el nombre del comité y el nombre del informe.

---

1. Los proyectos de ley se numeran cuando se presentan, y retienen el número hasta convertirse en leyes. Se imprimen al ser referidos a una comisión cuando son recomendados por ésta, y después de aprobados.

Congressional Committee Hearings

Transcripción *verbatim* del record taquigráfico de los testimonios, preguntas y respuestas hechas ante las comisiones legislativas. Se emiten por la comisión ante la cual fue celebrada la vista. No hay uniformidad en estas publicaciones, ya que cada comisión tiene su propia forma para distinguirlas (por número, por sesión, por orden alfabético, etc.).

Index of Congressional Committee Hearings in the U. S. Senate Library

Incluye un índice, por temas y por número, de las vistas presentadas ante las comisiones del Senado.

Index to Congressional Committee Hearings in the Library of the U. S. House of Representatives

Incluye un índice, por temas y por número, de las vistas expuestas ante las comisiones de la Cámara.

Index to Legislative History and Congressional Comment

En los volúmenes de los índices del *United States Code Annotated* hay un índice de materia para los informes de los Comités Congresionales sobre leyes aprobadas y publicadas, desde 1941, en el *US Code Congressional and Administrative News.*

Congressional Record

Publicación diaria y anual que incluye el record *verbatim* de los debates sobre los proyectos del Congreso, desde 1873 hasta el presente. Los debates, con anterioridad a esta fecha, se consiguen en:

Annual of Congress—1789-1824 (42 vols.).
Register of Debates in Congress—1824-1837 (29 vols.).
Congressional Globe—1833-1873 (109 vols.).

Además incluye los proyectos nuevos puestos en calendario, editoriales, y artículos que son incluidos por orden de los miembros de las cámaras; órdenes y comunicaciones ejecutivas; peticiones y resoluciones; y el texto completo de los discursos ante las cámaras.

Publica un índice de los informes de las comisiones sobre los proyectos para el Congreso en sesión, bajo el nombre de la comisión, el asunto o el nombre del congresista.

También publica un índice alfabético de nombres y temas. Bajo temas se da el número y el título de los proyectos de ley.

Finalmente, publica un índice de la historia de los proyectos, desglosado por el número del proyecto. Este es útil para conseguir información completa de un proyecto, ya que da la página de referencia de todo lo incluido en el *Congressional Record* desde su introducción hasta su aprobación. El *Congressional Record* se emite diariamente mientras el Congreso está en sesión y se encuaderna al final de ésta. La serie de cada sesión del Congreso se numera como un volumen, con numeración consecutiva, a pesar de estar encuadernada en varias partes.

El *Congressional Record* se cita identificándose por el volumen, el año y las páginas, en caso de la edición encuadernada, y agregando la información del día exacto, en caso de la edición diaria.

House and Senate Documents

Publicaciones individuales de varios tipos de documentos que se originan en el Congreso, en los departamentos y agencias independientes, y en entidades no-gubernamentales.

Ejemplos de documentos que incluye:

Mensaje del Presidente de los Estados Unidos al Congreso; reglas; ceremonias; informes de comisiones; informes de investigaciones; informes de los departamentos y agencias del gobierno; debates en comisiones congresionales.

Slip Laws

Hojas sueltas que incluyen los proyectos de ley. Una vez aprobados, se les da un nuevo número de serie consecutiva.

United States Statutes at Large

El Departamento de Estado publica aquí los proyectos aprobados y convertidos en leyes. Incluye el texto de las leyes, resoluciones concurrentes, tratados, convenciones, y proclamas ejecutivas publicadas en cada sesión. Sigue un arreglo cronológico por fecha de ley, bajo divisiones generales, como Leyes Privadas, Leyes Públicas, Tratados.

Hasta 1936 cada volumen de los *Statutes* cubre las leyes del Congreso de cada 2 años. Desde el Congreso Núm. 75 (1937), cada volumen incluye una sesión legislativa.

Federal Code Annotated—1787 al presente.

Indice de todas las leyes federales de carácter general y permanente, anotadas con decisiones de tribunales estatales y federales. Contiene un índice por tipo de material.

United States Code

Contiene leyes de carácter general y permanente, vigentes desde 1925. Se mantiene al día con suplementos anuales. Tiene un índice general para todos los títulos.

United States Code Annotated

Contiene todas las leyes generales y permanentes clasificadas bajo 50 títulos, con anotaciones. Se mantiene al día con suplementos anuales. Tiene un índice general para todos los títulos.

Index to Federal Statutes

Contiene leyes generales y permanentes. Además del índice en sí, hay listas de definiciones estatutarias, tratados, convenciones, etc.; nombres oficiales de estatutos, tratados y proclamas; tabla de referencia al *United States Code;* tablas de revocaciones y enmiendas a los estatutos comprendidos en el índice. Contiene también numerosas notas al calce en relación con leyes y tratados sobre materias de interés general.

Puerto Rico

Los procedimientos de las cámaras legislativas se encuentran en:

Actas de la Cámara y en *Actas del Senado*

Incluyen, día a día, los procedimientos de cada cuerpo.

Contienen: número y título de los proyectos de ley [1], el nombre del representante que los radica y el nombre de las comisiones a las cuales se asigna; texto completo de los mensajes del Gobernador y de las peticiones de informes de los representantes; mención de memoriales, mensajes y documentos por funcionarios ejecutivos o por ciudadanos; y el resultado de las votaciones. Menciona además los nombres de los miembros y funcionarios de la Cámara y el Senado, y los nombres de las comisiones permanentes y sus funcionarios.

Transcripciones taquigráficas y trabajos mimeografiados

Los records de los procedimientos ante las audiencias o vistas públicas y privadas que celebran las comisiones de las Cámaras se conservan en transcripciones taquigráficas, que luego de transcritas, se mimeografían para la distribución entre los legisladores y aquellas personas interesadas que lo soliciten a la Oficina de los Secretarios de las Cámaras Legislativas.

Diario de Sesiones

Impreso por día de sesión y por orden cronológico. Incluye: asistencia de los miembros; número y título de los proyectos de ley radicados, número y título de los proyectos de ley y de las resoluciones aprobadas en votación final en cada sesión; referencia a la comisión a la cual se asignan los proyectos y a los informes de éstos; manifestacio-

---

1. Los proyectos de ley se numeran al radicarse ante las cámaras y conservan ese número hasta el momento de convertirse en ley, cuando se les da una numeración distinta. Los textos completos de los proyectos se encuentran en la Oficina de la Secretaría de la Cámara y/o el Senado.

nes del Presidente o cualquier miembro de la Cámara o el Senado, con respecto a cualquier aspecto del trabajo del día.

Contiene el mensaje sobre la situación del Estado presentado en cada sesión ordinaria, y los mensajes especiales sobre la legislación y sobre asuntos y sucesos de importancia pública presentados por el Gobernador.

Incluye los procedimientos de la sesión conjunta celebradas por las comisiones; las manifestaciones hechas y los debates en comisión total en cualquiera de las Cámaras cuando alguno de los miembros participantes así lo solicite, excepto que por 4/5 partes de los miembros presentes en una Cámara puedan acordar que no se consigne en el Diario de Sesiones cualquier debate o parte del mismo que haya habido en comisión total; los procedimientos conducidos ante cualquier comisión permanente o especial, cuando la Cámara concernida así lo acuerde por mayoría; cualquier escrito o publicación que no se haya producido en el curso de los procedimientos parlamentarios, cuando la Cámara concernida lo acuerde por 4/5 partes de los miembros presentes y con sujeción a lo que determina cada Cámara por reglamento.

El Diario de Sesiones se cita identificándose el mismo por día, volumen y páginas. Las páginas de cada sesión ordinaria y extraordinaria se numeran consecutivamente.

Leyes sueltas

Hojas sueltas que incluyen los proyectos de ley. Una vez aprobados, se les da un nuevo número en serie consecutiva.

Leyes de Puerto Rico

Los proyectos, una vez aprobados y convertidos en ley, se envían a la Oficina del Secretario de Estado donde se publican anualmente, en inglés y en español. Cada volumen de las *Leyes de Puerto Rico* contiene:

> Lista de los miembros del Senado y de la Cámara; Lista de los funcionarios del Senado y de la Cámara; número de las leyes con expresión de las páginas donde aparecen cada una de ellas; Texto completo de las leyes; Indice de materias.

Leyes de Puerto Rico Anotadas

"Recodificación científicamente anotada de todos los códigos y leyes vigentes en Puerto Rico, incluyendo las anotaciones de las decisiones del Tribunal Supremo de Puerto Rico."

Se mantiene al día mediante suplementos acumulativos de bolsillo, publicados en inglés y en español, y en ediciones separadas. Tiene índice de materias y de palabras. Cada título está dedicado a varios temas, y éstos a su vez se dividen en secciones.

Contiene las leyes de Puerto Rico de naturaleza general y permanente, desde 1900 hasta el presente; incluye su texto, con los cambios requeridos por la Constitución, los planes de reorganización y las enmiendas. Al final de cada sesión aparece una nota que indica la ley de donde procede, las enmiendas hechas, las secciones de la Constitución y los planes que la afectan.

Incluye el texto completo de documentos de significación histórica: Carta Autonómica, Tratado de París, Cartas Orgánicas, Creación del Estado Libre Asociado, Constitución de los Estados Unidos, Ley de Relaciones Federales, y Constitución de Puerto Rico.

Incluye notas que ofrecen en detalle la evolución de las distintas secciones. Dichas notas incluyen los cambios efectuados en el texto de la ley, breves historiales legislativos sobre materias específicas, citas de exposición de motivos y de leyes pertinentes y contrarreferencias de materias relacionadas. Da textos completos de mensajes que acompañan el historial.

Incluye anotaciones de decisiones judiciales, casos resueltos por el Tribunal Supremo de Puerto Rico, apelaciones ante la Corte de Apelación por el Circuito y ante la Corte Suprema de los Estados Unidos.

Algunas Orientaciones sobre Labor y Procedimientos en la Asamblea Legislativa, por Néstor Rigual, 1957.

Incluye información básica sobre la composición de las Cámaras y sobre los trámites que siguen los proyectos para convertirse en leyes.

El Capitolio Estatal, por Néstor Rigual.

Publicado por la Cámara, incluye información sobre el origen y creación del Capitolio, nombre de los legisladores, de los delegados a la Asamblea Constituyente de 1952, de los gobernadores de Puerto Rico, de los funcionarios de la Cámara y del Senado.

Incluye, además, el texto de las leyes que se relacionan con la Asamblea Legislativa como, por ejemplo, la ley creando la comisión codificadora, la ley creando la comisión conjunta y la ley creando la Oficina de Consultas Legislativas.

Prontuario de Legislación.

Preparado por la Oficina de Servicios Legislativos del Estado Libre Asociado de Puerto Rico. Publicación anual comenzada en 1955. Menciona las nuevas leyes y resoluciones conjuntas aprobadas por la Asamblea Legislativa de Puerto Rico durante el año que cubre el volumen y las enmiendas a la legislación vigente. Contiene un índice de materias para todas las leyes nuevas aprobadas durante los períodos legislativos incluidos, indicando cuál es la ley mediante la cual se aprobó la nueva legislación.

Resumen y estado de la legislación radicada y recibida en la Cámara de Representantes de Puerto Rico, por Néstor Rigual, 1954.

Se publica al final de la sesión legislativa anual y contiene información sobre el estado de cada proyecto al cierre de dicha sesión, y datos estadísticos sobre la labor realizada por las comisiones legislativas.

Menciona el autor del proyecto, su número y título y:

a) la comisión en que se encuentra (si alguna) e información sobre ésta;

b) si se envió al Senado al cierre de la Asamblea;

c) el número y fecha de aprobación si el proyecto se ha convertido en ley.

Incluye, además, el nombre de los oficiales y funcionarios de la Cámara y de las comisiones permanentes.

Tiene un índice de legislación radicada, proyectos derrotados, firmados y vedados; de resoluciones conjuntas, y de legislación de obras locales radicadas por municipios.

RAMA JUDICIAL

Decisiones del Tribunal Supremo de los Estados Unidos

United States Supreme Court Reports

Publicados desde el 1790 hasta el presente por el Gobierno de Estados Unidos. Contiene todos los casos decididos por el Tribunal Supremo para el año del volumen. Los primeros noventa volúmenes se identifican por el nombre del Secretario del Tribunal y de ahí en adelante por número. La serie consiste de los siguientes volúmenes:

	Período	*Volúmenes*
Dallas	1790-1800	4
Cranch	1801-1815	9
Wheston	1816-1827	12
Peters	1828-1842	16
Howard	1843-1860	24
Black	1861-1862	2
Wallace	1863-1874	23
United States	1875 al presente	

Supreme Court Reporter [1]

Contiene las decisiones del Tribunal desde 1882 hasta el presente.

1. Publicado por la West Publishing Company.

Supreme Court Reports, Lawyer's Edition [1]

Incluye con anotaciones, todos los casos decididos por el Tribunal desde el 1790 hasta el presente, además de resúmenes de las alegaciones de los abogados en la mayoría de los casos.

Decisiones del Tribunal Supremo de Puerto Rico

Decisiones de Puerto Rico

Publicado por el Gobierno de Puerto Rico desde 1899. Contiene todos los casos decididos por el Tribunal para el año del volumen. Incluye, además, listas de los jueces y fiscales de las Cortes del Tribunal Superior de Puerto Rico (antes Cortes de Distrito); de casos citados en las decisiones y de casos resueltos (por otras cortes), citados en las decisiones que se publican relacionados con los casos.

Contiene un índice por página de las distintas referencias a leyes, códigos, sentencias y reglamentos citados en las decisiones; índice de casos de Puerto Rico resueltos en los Estados Unidos; lista de los registradores de la propiedad, de archiveros generales en los siete distritos notariales de Puerto Rico, miembros de la Junta Examinadora a Aspirantes al Ejercicio de la Abogacía, miembros de la Comisión de Reputación (que examina e informa al Tribunal Supremo sobre las condiciones morales de los aspirantes al ejercicio de la abogacía en Puerto Rico), miembros de la Junta de Comisionados (para promover la uniformidad en la legislación), comisionados de escrituras y documentos de Puerto Rico en los Estados Unidos; abogados y notarios admitidos por el Tribunal Supremo durante el período que comprende el tomo.

La publicación en inglés de las decisiones del Tribunal Supremo de Puerto Rico se conoce como *Puerto Rico Reports.*

Las decisiones de los Tribunales Superiores de Puerto Rico y de los Tribunales de Distrito no se publican. Para trazar el progreso de un caso desde su comienzo hasta su final es necesario acudir a los expedientes de las cortes. Estos récords no se publican, excepto parcialmente en relación con apelaciones. Esta situación es fundamentalmente la misma en los estados de los Estados Unidos.

Decisiones de las Cortes de Circuito de Apelación, las Cortes de Circuito (abolidas en 1912) y las Cortes de Distrito de los Estados Unidos

Federal Cases

Incluye las decisiones de las Cortes de Circuito (de 1789 a 1912, cuando fueron abolidas) y de las Cortes de Distrito, desde 1879 hasta el presente.

Circuit Court of Appeal Report

Incluye las decisiones de las Cortes de Circuito de Apelación, desde el 1891 hasta el 1920. También se incluyen en el *Federal Reporter.*

---

1. Publicado por la Lawyer Cooperative Publishing Company.

Federal Reporter; Federal Reporter, Second Series

El *Federal Reporter* incluye las decisiones de las Cortes de Circuito de Apelación del 1891 al 1924. El *Federal Reporter, Second Series,* incluye las decisiones de las Cortes de Circuito de Apelación y de las Cortes de Apelaciones de Aduanas y de Patentes *(U. S. Court of Customs and Patent Appeals)*, y la Corte de Apelación del Distrito de Colombia *(Court of Appeals of the Distric Court of Columbia)*, 1924 al presente.

Federal Supplement

Incluye las decisiones de las Cortes de Distrito de los Estados Unidos y de la Corte de Reclamaciones *(U. S. Court of Claims)*, desde el 1932 hasta el presente.

Decisiones de las cortes estatales de los Estados Unidos (cortes de última instancia)

American Decisions (100 vols.)

Incluye desde el comienzo de las decisiones hasta el 1868.

Estas publicaciones incluyen solamente casos considerados de interés general. Las mismas contienen anotaciones que las relacionan con casos anteriores sobre el mismo asunto. Junto al caso se publican resúmenes de las alegaciones presentadas por los abogados de las partes. Se mantiene un índice de casos por la serie total.

Decisiones de las cortes estatales de apelación

National Reporter System

Incluyen estos volúmenes todos los casos decididos por las cortes apelativas estatales, sin seleccionar o condensar los mismos, y sin anotaciones ni resúmenes de las alegaciones de las partes.

Contienen un índice extenso de todos los casos y un sistema de números claves por medio de los cuales puede localizarse un caso en el *American Digest System.* (Vea la descripción más abajo.)

El *National Reporter System* está dividido en las siguientes colecciones:

The Atlantic and Atlantic (2d) Reporters
The North Eastern and North Eastern (2d) Reporters
The North Western Reporter
The Pacific and Pacific (2d) Reporters.
The South Eastern Reporter
The Southern Reporter
The South Western and South Western (2d) Reporters.

También forman parte de este sistema las decisiones de las cortes federales inferiores según se publican en el *Federal Supplement* y en el *Federal Reporter*, mencionados en la sección anterior.

Cada estado también publica las decisiones individualmente, como lo hace Puerto Rico, y se identifican los volúmenes con el nombre del estado y el año.

Los digestos

Los digestos son compilaciones de resúmenes bien concisos de los puntos legales envueltos en los casos, agrupados bajo títulos, por materia, y estos a su vez ordenados alfabéticamente. Hay un párrafo para cada cuestión legal distinta envuelta en el caso. Bajo cada párrafo hay una referencia al libro o libros donde se consigue el caso que trata el punto discutido. Los digestos tienen, además, índices detallados por materia. Se publican anualmente con suplementos mensuales. Algunos de ellos son:

Estados Unidos

American Digest System

Utiliza números claves, los cuales acompañan cada subdivisión del párrafo que resume una cuestión de ley. Existe un número clave para cada punto planteado. Se publica desde el 1887 e incluye casos desde 1658 hasta el presente. Cubre todos los casos decididos por todas las cortes de los Estados Unidos, dividido en las siguientes secciones:

Century Edition—1658-1896.
First Decennial—1897-1906.
Second Decennial—1907-1917.
Third Decennial—1917-1925.
Fourth Decennial—1926-1935.
Fifth Decennial—1936-1944.
General Digest—1936 al presente.

Federal Digest

Digesto de todos los casos publicados en las siguientes publicaciones: *United States Reports; Supreme Court Reporter, Lawyers' Edition; Federal Reporter; Federal Reporter, Second Series; Appeal Cases of District of Columbia; Federal Supplement; Federal Rules Decisions; Circuit Court Appeals Reports; Federal Cases; Customs Appeal Reports;* y *District of Columbia Supreme Court Reports.*

Publica suplementos acumulativos cada cuatro meses y suplementos de bolsillo para mantenerlo al día.

Incluye casos de 1754 al presente.

Otros digestos de casos de Estados Unidos:

Digest of Courts of Common Law and Admiralty
United States Digest of Decisions, Courts of Common Law, Equity and Admiralty

United States Digest, 1st series
United States Digest, new series
Complete Digest

Puerto Rico

Digesto de Puerto Rico—5 vols., 1930 al presente.

El Digesto de Puerto Rico contiene una síntesis de la Jurisprudencia del Tribunal Supremo, según lo revelan los casos resueltos por el Tribunal. Se encuentra en orden alfabético por materias. El Digesto incluye desde el Tomo 1 al Tomo 60, inclusive, de las Decisiones de Puerto Rico.

Los citarios

Cuando se conoce un caso y desea saberse si éste ha sido modificado, citado, revocado, sostenido, comentado, criticado o en alguna otra forma mencionado en decisiones judiciales de las diversas cortes, se utilizan los citarios. Estos contienen listas de los casos, organizados alfabéticamente por el título de los mismos; por temas, de acuerdo con los puntos discutidos en el caso; o por números, de acuerdo al sitio donde dicho caso se puede localizar; y junto al caso, las referencias a todas las decisiones donde dicho caso ha sido mencionado. Ejemplo de estos citarios son:

Estados Unidos

Shepard's Citations

Los volúmenes completos hasta la fecha, sus suplementos cada cuatro meses y hojas sueltas en el interín, incluyen citas de casos, leyes e informes departamentales.

Puerto Rico

Citario de las Decisiones de Puerto Rico—1949. Periódicamente se publican suplementos.

El *Citario* es una especie de *Shepard* que permite hallar, por tomos y página en que aparecen, los casos de Puerto Rico y los casos posteriores a ellos en los cuales el Tribunal cita, interpreta, modifica o revoca sus propios casos. Incluye desde el Tomo 1 al Tomo 76, inclusive, de las Decisiones de Puerto Rico.

Las enciclopedias legales

Consisten de artículos ordenados por títulos y éstos en orden alfabético, que dan información sobre la legislación y la jurisprudencia en jurisdicciones específicas. Además de los resúmenes de los puntos legales que se discuten en los casos, se interpreta el contenido de los mismos. Se incluyen, además, en notas al calce, los casos que justifican las declaraciones vertidas en el texto de la enciclopedia.

Ejemplos:

Corpus Juris — Corpus Juris Secundum

Publicación anual mantenida al día con suplementos de bolsillo que incluye la información desde 1914 al presente, citando en las notas al calce todos los casos de todas las jurisdicciones que sostienen los puntos discutidos en el texto, sean estos importantes o estén ya descartados.

Ruling Case Law — American Jurisprudence

Cubre los aspectos legales enunciados en las decisiones incluidas en *United States Supreme Court Reports—Lawyers' Edition, American Law Reports Annotated, Lawyers Reports Annotated, American Decisions, American Reports, American State Reports, American and English Annotated Cases, American Annotated Cases, English Ruling Cases* y *British Ruling Cases.*

Incluye sólo aquellos casos que se consideran esenciales para las declaraciones mencionadas.

RAMA EJECUTIVA

Las publicaciones de la Rama Ejecutiva incluyen:

Informes anuales
Proclamas presidenciales
Informes estadísticos
Manuales especiales de investigación
Bibliografías
Actas de reuniones, minutas, etc.
Decisiones tomadas por los cuerpos cuasi legislativos y cuasi judiciales
Opiniones del Procurador General
Leyes individuales que rigen las instrumentalidades del gobierno
Discursos, mensajes, etc., por funcionarios
Reglamentos
Boletines interpretativos
Revistas
Libros
Periódicos

Estas publicaciones de las agencias, departamentos e instrumentalidades de la Rama Ejecutiva del gobierno se emiten individualmente por cada agencia.

Libros de referencia a algunos de estos documentos en los Estados Unidos:

Federal Register

Publicado desde 1936 hasta el presente, es una publicación diaria que se acumula luego en un volumen anual. Incluye todas las proclamas presidenciales (excepto aquéllas que no tienen aplicación general o efecto legal); órdenes ejecutivas, reglas y reglamentos de los departamentos, negociados y dependencias del Gobierno Federal.

Incluye, además, documentos que el Presidente y/o el Congreso soliciten que se publiquen en él.

Cuando se incorpora la edición diaria al volumen anual, no se conserva la misma numeración de las páginas.

Code of Federal Regulations

Publicado anualmente desde el 1939, es un índice por temas de los reglamentos, proclamas, documentos, etc., publicados en el *Federal Register*.

Monthly Catalog

Publicado desde 1895 al presente; es un índice ordenado por departamentos de todas las publicaciones de las diversas ramas del gobierno.

Incluye un índice, por temas, de los informes al Congreso en sesión, preparados por las comisiones que estudian los proyectos.

Publicado mensualmente.

En Puerto Rico

Reglas y Reglamentos de Puerto Rico

Codificación de reglamentos adoptados y vigentes en Puerto Rico para el 30 de septiembre de 1957. En su primera sección cada reglamento indica la agencia que lo adoptó, la fecha de aprobación, fecha de vigencia, fecha de radicación en la Oficina del Secretario de Estado del Estado Libre Asociado de Puerto Rico y el número de identificación que le fue asignado en dicha oficina. Se cita la autoridad estatutaria para la adopción del reglamento y se insertan anotaciones de jurisprudencia interpretativas de los reglamentos. Contiene un índice de materias de los títulos que cubre y una tabla de agencias demostrativas de los reglamentos adoptados por cada agencia. Publicado en inglés y en español. Consta de 34 títulos, cada uno en forma de hojas sueltas.

Sólo se ha publicado un tomo, que consta de los Títulos 1 - 6. El resto de la obra está en proceso de publicación.

Los reglamentos están clasificados por materia. Aquellos reglamentos que interpretan y aplican una ley contenida en un título y capítulo de las Leyes de Puerto Rico Anotadas se encontrarán bajo el mismo título y capítulo en Reglas y Reglamentos de Puerto Rico. Los números de las secciones de los reglamentos incluidos corresponderán al número de la sección de Leyes de Puerto Rico Anotadas que autorice la adopción de tal reglamento. Mediante este sistema el investigador que esté interesado en cierta disposición de la ley puede encontrar los reglamentos correspondientes, y aquél interesado en ciertos reglamentos puede encontrar la ley correspondiente, sin necesidad de una intensa búsqueda en índice y tablas.

Boletín de Puerto Rico (en preparación)

Contendrá todos los reglamentos nuevos y las enmiendas a reglamentos ya existentes, manteniéndose Reglas y Reglamentos de Puerto Rico al día en esta forma. Ningún reglamento nuevo entrará en vigor hasta haber sido publicado en el Boletín, salvo en casos de emergencia. Se publicará en inglés y en español, en forma de páginas sueltas, de manera que cualquier cambio y/o reglamento nuevo puede incorporarse a Reglas y Reglamentos de Puerto Rico tan pronto como sea posible, después de su vigencia.

No existen publicaciones que correspondan al *Code of Federal Regulations* y al *Monthly Catalog.*

PUBLICACIONES DE ORGANIZACIONES INTERNACIONALES

LIGA DE NACIONES

Las publicaciones de la Liga de Naciones incluyen los records y documentos concernientes a las actividades y negociaciones oficiales del Consejo y la Asamblea; el material descriptivo y estadístico preparado por las diversas secciones de la secretaría en torno a temas de ciencia, economía, política, sociología, etc., los records e informes de organizaciones y comités relacionados; y muchos de los informes de organizaciones autónomas y afiliadas, tales como la Corte Permanente de Justicia Internacional. Estas publicaciones se imprimen en los dos idiomas oficiales, francés e inglés, y aparecen en columnas paralelas en una misma página, en páginas adyacentes, o en documentos separados en cada idioma en particular. Algunas publicaciones de la Liga continuaron apareciendo esporádicamente durante la guerra, pero el 18 de abril de 1946 la Liga cesó en sus funciones. Sus publicaciones, así como algunos de sus logros pasaron a formar parte de las Naciones Unidas.

Las publicaciones de la Liga de Naciones se emitieron y distribuyeron con el interés principal de facilitar la ejecución de las labores oficiales. Al principio tenían un número oficial que indicaba el orden en que eran distribuidos entre las diferentes ramas. En 1926, se inició la práctica de asignar un número de venta a los documentos publicados por separado para ese propósito. Esto trajo la organización de las publicaciones de cada sección por materia, con numeración consecutiva a través de todo el año.

Se identifica la sección mediante un número romano. Para identificar la publicación deben utilizarse ambos números: el de sección y el de venta.

Boletín Oficial de la Liga de las Naciones y sus suplementos especiales

Contiene minutas, records, resoluciones de la asamblea y muchos de los documentos colaterales.

Treaty Series of the League of Nations

Contiene todos los tratados y convenios internacionales. Los anexos contienen información sobre las ratificaciones, denunciaciones, etc. Para hacer referencia a cualquiera de estos documentos, mencione el título del documento y el número del volumen. Indique, además, que la referencia es a los tratados de la Liga de Naciones, para que no se confundan con los de las Naciones Unidas.

Organización Internacional del Trabajo

Esta organización, establecida en 1919, se asoció con la Liga de Naciones como un organismo autónomo. Sus publicaciones cubren una serie de temas y aparecen en forma de anuarios, revistas, etc., independientemente de las de la Liga. Aquéllas comprendidas en la serie A hasta la P se identifican por número de serie y número de documentos. Las que no tienen número de serie se colocan bajo la OIT como autor y se ofrecen todos los datos que identifiquen el documento.

Corte Permanente de Justicia Internacional

La Corte Permanente de Justicia Internacional quedó establecida con el propósito de atender cualquier disputa entre naciones, a petición de éstas. Las opiniones emitidas, los documentos y procedimientos, el informe anual de la Corte, etc., aparecen en una serie de publicaciones que se identifican por el nombre de la corte, la serie y los números de la serie (A/B a F).

CONFERENCIA DE LAS NACIONES UNIDAS SOBRE LA ORGANIZACION INTERNACIONAL

La Conferencia de las Naciones Unidas sobre la Organización Internacional (Conferencia de San Francisco) se llevó a cabo en 1945, como culminación de un sinnúmero de negociaciones en pro de establecer un organismo para mantener la paz y la seguridad mundial. Los documentos que contienen estas negociaciones (Declaración de Moscú, Conferencia de Yalta, Propuestas de Dumbarton Oaks) se consiguen en los países que tomaron parte en las negociaciones.

Los documentos se identifican bajo el nombre de la conferencia, el número (romano) de la comisión, el número (arábigo) del comité y el número del documento.

COMISION PREPARATORIA PARA LAS NACIONES UNIDAS

Esta comisión se estableció para que desempeñara ciertas labores de organización, en tanto entraba en función el organismo de las Naciones Unidas. Los documentos originales aparecen en la publicación *His Majesty's Stationery Office.* Si se consultan éstos, deben identificarse con la información que contiene el documento en sí.

ORGANIZACION DE LAS NACIONES UNIDAS

La Organización de las Naciones Unidas consiste de seis organismos principales, a saber: Asamblea General, Consejo de Seguridad, Consejo de Administración Fiduciaria, Consejo Económico y Social, la Corte Internacional de Justicia y la Secretaría.

Esta organización (conocida mayormente por las siglas ONU, en castellano, y UN, en inglés) ha organizado dos sistemas especiales para identificar sus publicaciones. Se ha instituido un sistema de números de venta para documentos de distribución al público en general. Dentro de este tipo de clasificación hay dieciocho categorías y cada categoría se identifica por un número romano. El documento individual lleva el número de venta en el reverso de la página del título. El número de venta consiste del año de publicación, el número de categoría y el número del documento en sí (el cual se indica en número arábigo).

El segundo sistema de clasificación consiste en identificar cada publicación con un número de serie. Cada agencia tiene series distintas, con números de series diferentes para cada documento. Este número se encuentra en el reverso de la página del título.

Generalmente las publicaciones de las Naciones Unidas se identifican por ambos números: el de venta y el de serie.

Las publicaciones de cuatro de los organismos principales se identifican, además, por el símbolo siguiente:

A/ para la Asamblea General
S/ para el Consejo de Seguridad
T/ para el Consejo de Administración Fiduciaria
E/ para el Consejo Económico Social

Se usan otros símbolos y números para identificar los cuerpos subordinados a estos organismos principales. Así, por ejemplo, se utiliza la letra C para identificar los documentos publicados por un Comité de la Asamblea General y se agrega a la letra C los números 4/6, que significa que éste es el sexto documento emitido por el cuarto comité de la Asamblea General. Esta identificación debe agregarse a los datos que aparecen en la página del título de los documentos al hacer referencia a los mismos.

Todos los documentos oficiales de la Organización de las Naciones Unidas se redactan en los idiomas oficiales: inglés, francés, español, chino y ruso.

AGENCIAS SUBSIDIARIAS DE LA ORGANIZACION DE LAS NACIONES UNIDAS

La ONU tiene varias agencias especializadas, las que se conocen generalmente por sus siglas, a saber:

Organización de Aviación Civil Internacional—OACI
(International Civil Aviation Organization—ICAO)

Organización Consultiva Marítima Intergubernamental—OCMI
(Intergovernmental Maritime Consultive Organization—IMCO)

Organización Internacional del Comercio—OIC
(International Commerce Organization—ICO)

Organización Internacional del Trabajo—OIT
(International Labor Organization—ILO)

Organización Mundial de la Salud—OMS
(World Health Organization—WHO)

Unión Internacional de Telecomunicaciones—UIT
(International Telecommunications Union—ITU)

Organización de las Naciones Unidas para la Educación, la Ciencia y la Cultura—UNESCO
(United Nations Educational, Scientific, and Cultural Organization —UNESCO)

Unión Postal Universal—UPU
(Universal Postal Union—UPU)

Organización Mundial Meteorológica—OMM
(World Meteorological Organization—WMO)

Las actividades de estas agencias son coordinadas con las de la Organización de las Naciones Unidas por conducto del Consejo Económico Social. Los documentos publicados por estas agencias varían de acuerdo con las normas establecidas por ellas, y se identifican por los datos que se encuentran en las páginas de título de las publicaciones.

CORTE INTERNACIONAL DE JUSTICIA

La Corte provee un medio de resolver disputas entre las naciones miembros. Sus documentos se publican en La Haya e incluyen opiniones, decisiones, documentos e informes en relación a los casos, informes anuales, etc., y se identifican en serie, con una numeración desde la A a la F, además de los otros datos que aparecen en la página del título.

Cada organismo de la Organización de las Naciones Unidas conserva sus actas, minutas de reuniones, reglamentos y procedimientos, discursos, informes, etc., en records oficiales que se identifican por el nombre de *Official Record* del cuerpo correspondiente.

CAPÍTULO IV

BIBLIOGRAFIA DEL TRABAJO

PREPARACION

Una vez seleccionado y definido el tema, se gestiona la documentación adecuada para el proyecto. El investigador debe primero organizar una bibliografía de trabajo, efectuando para ello un minucioso reconocimiento de las bibliotecas y archivos asequibles, en busca de las fuentes de referencia que discutan los diversos aspectos de su problema.

Al delimitar el tema se habían ya consultado varias obras generales que ofrecieron una idea clara sobre el ámbito de la materia y la época en que los acontecimientos se desarrollan. Las bibliografías y notas al calce de estas obras hacen referencia a su vez a otras fuentes (libros, revistas, artículos y bibliografías especializadas) que tratan el asunto. Haga uso de esa información. Anótela.

En cada biblioteca conviene examinar los ficheros de libros, índices de revistas, periódicos y las distintas colecciones disponibles. La orientación del bibliotecario puede ser de gran utilidad y, por lo tanto, el investigador no debe vacilar en solicitarla.

Esta etapa de la investigación consiste en anotar la información bibliográfica sobre las fuentes de referencia, localizarla y evaluarla, para proceder a su estudio. La tarea es ardua y muchas veces descorazonadora, pero indispensable, ya que pondrá en sus manos el material necesario para llevar a cabo su labor.

Una búsqueda más metódica y más efectiva se logra cuando el investigador prepara de antemano una lista de temas (ordenados alfabéticamente y en tarjetas individuales) apoyados en las preguntas que definen su problema. Luego irá agregando a éstos, si lo cree necesario, otros temas que le sugieran los índices y ficheros de las bibliotecas.

EVALUACION Y SELECCION DE LAS FUENTES

Conjuntamente con el proceso de determinar qué se ha escrito sobre el problema, el investigador tiene que llevar a cabo una evaluación de la información sobre las fuentes, para seleccionar juiciosamente aquéllas que se adaptan más a sus propósitos. Existen ciertos criterios que permiten al investigador evaluar su bibliografía, por ejemplo:

En cuanto al autor:

¿Es un experto o estudioso en la materia?

¿De qué prestigio disfruta?

¿Qué grados académicos posee?

¿Qué experiencia tiene? ¿Guarda relación con lo que escribe?

¿Está prejuiciado sobre el problema por su origen, por su experiencia, etc.?

¿Qué conocimiento tiene sobre los hechos que relata? ¿Fue un testigo ocular?

En cuanto a la obra.

¿Es reciente?

Busque fuentes que sean aplicables a las fechas que usted desea estudiar.

Descarte aquéllas que no se aplican a la materia.

¿Cuál es la opinión de los críticos sobre la obra?

¿Por qué cualidades se recomienda?

¿Está publicada por una casa imparcial, o por una institución que se relaciona con la materia o con el autor?

¿Cuál es el propósito de la obra? ¿Se relaciona con el estudio?

¿Tiene buenos resúmenes o análisis de capítulos que pueden leerse con rapidez?

¿Tiene una buena bibliografía? ¿Parece adecuada la documentación en términos de su contenido?

¿El estilo es claro?

Si las obras se evalúan con referencia a estos criterios, el investigador podrá seleccionar aquéllas que crea más convenientes para su estudio. Hacer esta evaluación requiere dar una ojeada a las partes principales del libro, para así establecer nociones generales sobre sus méritos y sobre su utilidad.

LAS PARTES PRINCIPALES DE UN LIBRO

La página del título

En ella se obtienen los siguientes datos: el título (o subtítulo y datos explicativos, si los hubiere); el nombre completo del autor o autores; los títulos, grados académicos, puestos que desempeñan y publicaciones de los autores; el volumen, la edición y los derechos de propiedad; y los datos de publicación (lugar, año y casa editora).

El prefacio o prólogo

En esta exposición se capta el propósito del libro, las motivaciones que inspiraron al autor, las recomendaciones en cuanto a su uso y, en general, la utilidad del mismo. En ocasiones se incluye, además del prefacio escrito por el autor, un prólogo redactado por una persona prominente, quien menciona los méritos del libro y del autor. Muchas veces el prefacio incluye palabras de reconocimiento a personas o instituciones que contribuyeron o estimularon en alguna forma al autor. Si este acto de reconocimiento es muy extenso, debe hacerse una lista aparte en la que se incluya los nombres de las personas mencionadas.

El índice general

En este esquema que consiste de una lista de los temas discutidos en el libro y de las páginas en donde se encuentran, el lector obtiene una idea clara de las fases del tema que cubre el estudio y, por lo tanto, le permite hacer un juicio "a priori", en el sentido de si la lectura va a ser de alguna utilidad con arreglo a los propósitos del investigador.

Las listas de mapas, gráficas u otras ilustraciones

Incluyen el nombre de las ilustraciones, la identificación numérica de las mismas (si hay alguna) y las páginas del texto donde se encuentran.

El cuerpo de la obra

Es la parte principal del libro. Puede estar clasificado en partes, capítulos, temas y secciones, estableciendo así un orden lógico de su contenido. En la mayoría de los casos la unidad mayor de exposición es el capítulo.

Los apéndices

Incluyen material que ilustra y amplía las explicaciones vertidas en el texto.

La bibliografía

Consta de listas de las obras consultadas por el autor para hacer su estudio y, en ocasiones, las recomendadas como lecturas útiles; sirve al lector para buscar información adicional sobre el tema discutido.

El índice de materias o el índice temático.

Consiste de una lista alfabética de los asuntos específicos discutidos en la obra, indicando las páginas o la página donde se encuentran éstos. Esta lista puede incluir, además, los nombres de todas las personas mencionadas en el libro. Los índices son de gran utilidad para que el lector pueda determinar si en el libro se discuten los temas que le interesan, cuán extensamente se discuten, y para ver la relación que existe entre los distintos aspectos de una materia.

LA FICHA BIBLIOGRAFICA

Una vez hecha la selección y evaluación de las fuentes, es necesario preparar una ficha bibliográfica sobre cada una [1]. Para ello se utilizan, generalmente, tarjetas tamaño 5" × 3".

La nota bibliográfica debe redactarse con precisión y esmero, y ser lo suficientemente concreta para que pueda responder cabalmente a dos de sus funciones principales: facilitar la pronta localización y acceso a las fuentes y servir de marco de referencia para la redacción de las notas al calce y de la lista bibliográfica final, que todo buen trabajo de investigación debe contener.

---

1. Vea el capítulo sobre cómo usar una biblioteca, donde se mencionan las obras de referencia que le ayudarán en la evaluación, *supra*, págs. 9–57.

La información que se incluye en las fichas se encuentra en los tarjeteros de las bibliotecas, en los índices (de libros, revistas y periódicos) y en las obras en sí. Estos datos aparecen, sin embargo, en un orden y con una puntuación distinta a la que se requiere en las fichas bibliográficas. Es necesario, por tanto, que el investigador al copiarlos los altere (en cuanto a orden y puntuación) para que se rijan por las reglas aplicables a las distintas fuentes de referencia.

Si el investigador realiza esta labor cuidadosamente, podrá utilizar sus fichas bibliográficas, sin necesidad de alterarlas, en la preparación de su bibliografía final [1].

FICHAS BIBLIOGRAFICAS PARA LIBROS

Las fichas bibliográficas comienzan por el autor o por el título de la referencia. Solamente se justifica la omisión del autor si la referencia es anónima, si la obra se identifica mejor por su título (enciclopedias, guías, manuales, índices, atlas, diccionarios), si se hace referencia a la Biblia, o si se trata de una obra cuyo autor no puede identificarse con certeza [2].

LIBROS POR AUTOR

Al incluir los libros por el autor, se entiende como tal también al traductor, editor, compilador, asociación o institución responsable de la obra.

Contenido de la ficha de autor

Junto al margen superior izquierdo:

El nombre del autor

Un poco más abajo, sangrado a cinco espacios de la anterior información:

El título completo del libro
Los datos explicativos del título, si los hay
Los datos de publicación: sitio, casa publicadora, año
Número de páginas, número de volúmenes de que consta la obra

En el centro de la ficha:

Comentario sobre el libro. Este puede hacerse, no en el momento de sacar la información bibliográfica, sino después de haber leído la obra.

Junto al margen inferior izquierdo:

Localización de la referencia:

Nombre de la biblioteca y signatura del libro

Otra fuente donde fue obtenido el mismo

---

1. Vea el capítulo sobre Bibliografía Final, *infra*, págs. 187-200.
2. Las reglas para incluir libros por su título se tratan en la sección de libros por títulos, *infra*, págs. 72-74.

Puntuación de la ficha de autor

La inserción de la puntuación debida se ilustra en el ejemplo que sigue (note el orden y contenido de la ficha) [1].

> Muñoz Amato, Pedro.
>
> *Administración pública.* México: Fondo de Cultura Económica, 1954. 260 págs.
>
> Cubre únicamente los aspectos de metodología, planificación y presupuestos.
>
> U.P.R.
> Bib. C. Soc.
> 351
> M963 a

El autor

Mencione siempre el nombre completo del autor y no lo traduzca nunca.

Si el nombre del autor no aparece completo en el catálogo de la biblioteca, o en la fuente utilizada, tome esta información de la página del título del libro.

Un autor:

Si el libro tiene un solo autor, incluya su nombre completo comenzando por el apellido, o sus dos apellidos; a continuación, y separado por una coma, el nombre.

Ejemplos:

Hostos, Adolfo de
Serrano Geyls, Raúl.

Dos autores:

Siguiendo el orden en que aparecen mencionados en la página del título del libro, incluya el nombre completo del primer autor, apellido (o apellidos) primero, seguido por el nombre completo del segundo autor, en su orden natural. Ambos nombres van unidos por la conjunción "y".

Ejemplo:

Serrano Geyls, Raúl y Roberto Rexach Benítez.

---

1. Todo lo que aparece en itálicas en este manual debe subrayarse si el trabajo no es impreso.

Tres autores:

Comenzando con el apellido (o apellidos), incluya el nombre completo del primer autor mencionado en la página del título del libro, seguido por los nombres, en su orden natural, de los otros dos autores. Los dos primeros se separan por una coma, usándose la conjunción "y" entre el segundo y el tercero.

Ejemplo:

Ruiz Belvis, Segundo, José Julián Acosta y Francisco M. Quiñones.

Cuatro autores:

Comenzando por el apellido, mencione únicamente el nombre completo del primer autor que se menciona en la página del título del libro, seguido por la frase *et al.*, y seguida por un punto. La frase *et al.* puede sustituirse por la frase "y otros".

Ejemplos:

Muñoz Amato, Pedro, *et al.*
Muñoz Amato, Pedro, y otros.

Traductor:

Comenzando con el apellido (o apellidos), mencione el nombre completo del traductor; a continuación, y separado por una coma, incluya la palabra traductor.

Ejemplo:

Herrero, Vicente, traductor.

Si se ha utilizado la versión traducida, pero se desea dar información al lector sobre la obra original, se utiliza la siguiente forma ilustrada en el ejemplo.

Herrero, Vicente, traductor. *Teoría y realidad de la organización constitucional democrática*, traducida del inglés de la obra de Carl J. Friedrich, *Constitutional Government and Democracy*. (Se dan luego los datos de publicación de la obra traducida.)

Si se ha utilizado la obra original, pero se desea dar la información sobre la traducción, siga el ejemplo siguiente:

Friedrich, Carl J. *Constitutional Government and Democracy*, traducida al español por Vicente Herrero, *Teoría y realidad de la organización constitucional democrática*. (Siguen los datos del original.)

Editor o compilador:

Incluya el nombre completo del editor (o compilador), comenzando con el apellido o apellidos, y agregue la designación que le corresponde (editor o compilador), según sea el caso, separada del nombre por una coma.

Ejemplos:

Fernández Juncos, Manuel, editor.
Fano, Félix, compilador.

Autor y editor:

Comience con el nombre del autor original (apellido o apellidos primero), seguido por el nombre de la obra. A continuación se agrega la frase "editado por" y se incluye el nombre del editor, en su orden natural.

Ejemplo:

Cervantes Saavedra, Miguel de. *Don Quijote*, editado por William Dean Howells.

(Siguen los datos de publicación y las páginas totales del libro.)

Autor, editor y traductor:

Comience con el nombre del autor original (apellido o apellidos primero), seguido por el nombre de la obra. A continuación, y separado por una coma, se incluye la frase "traducida al"; se indica el idioma al cual fue traducida y el nombre del traductor, en su orden natural. Siguen los datos del editor, con las reglas mencionadas en la sección anterior.

Ejemplos:

Cervantes Saavedra, Miguel de. *Don Quijote*, traducida al inglés por Charles Jervas, editada por William Dean Howells.

(Siguen los datos de publicación y las páginas totales del libro.)

Tagore, Rabindranath. *Verso y prosa para niños*, traducida al español por Zenobia Camprubí Jiménez, editada por Juan Asensio, Alvarez-Torre y Carmen Gómez Tejera.

(Siguen los datos de publicación y las páginas totales del libro.)

Autor con seudónimo:

Si el autor se conoce generalmente por un seudónimo, debe hacerse la anotación bibliográfica de acuerdo con éste, añadiéndose la palabra seudónimo (o su abreviatura), separada por una coma.

Ejemplo:

Lair, Clara, seudónimo.

Instituciones privadas como autor:

Si la obra ha sido escrita bajo la responsabilidad de una asociación. sociedad, corporación o entidad privada, se comienza la nota bibliográfica con el nombre de ésta, seguida por un punto. Los nombres de las asociaciones no se traducen, se utilizan segun se mencionan en la obra.

Ejemplos:

Asociación de Maestros de Puerto Rico.
(Sigue el título del libro, los datos de publicación y las páginas totales del libro.)

American Society of Public Administration.
(Sigue el título del libro, los datos de publicación y las páginas totales del libro.)

Si la obra ha sido producida en una subdivisión dentro de la entidad mayor, debe mencionarse la subdivisión en segundo lugar, separada de la institución mayor por una coma.

Ejemplo:

Sociedad Americana de Administración Pública, Capítulo de Puerto Rico.
(Sigue el título del libro, los datos de publicación y las páginas totales del libro.)

El título del libro

Una vez hecha en la ficha bibliográfica la parte correspondiente al autor, es necesario incluir la información relacionada con el título del mismo. Para ello, siga las siguientes reglas:

Incluya el título completo, tal y como aparece en la página del título del libro. Los títulos de libros se subrayan (lo que equivale a itálicas en obras impresas) para darles énfasis. Deben separarse de la información que les sigue, por un punto.

En el caso de títulos en el idioma español se usarán mayúsculas en la primera letra de la primera palabra y en todos los nombres propios en la oración. Si este fuese en el idioma inglés deberá usarse mayúsculas para la primera letra de la primera palabra, así como para todos los nombres, pronombres, adjetivos, verbos y adverbios.

Ejemplos:

Un sistema de elecciones primarias para Puerto Rico.
The Framing of the Phillipine Constitution.

No traduzca los títulos de los libros.

Los datos explicativos del título deben seguir a éste:

Si el libro tiene en la página del título datos que lo expliquen o amplíen, se incluyen también, separados por una coma de la información que les antecede.

Estos datos se traducen si su función es agregar información sobre el contenido del libro. Si su función es identificar la publicación, el dato no se traduce. Los datos explicativos no se subrayan.

Ejemplos:

Muñoz Amato, Pedro, *et al. La nueva constitución de Puerto Rico,* informes a la Convención Constituyente preparados por la Escuela de Administración Pública de la Universidad de Puerto Rico.

(Siguen los datos de publicación y las páginas totales del libro.)

Kasner, Edward y James Newmann. *Mathematics and the Imagination,* con dibujos y diagramas por Rufus Isaacs.

(Siguen los datos de publicación y las páginas totales del libro.)

British Opinion and the American Revolution, Yale Historical Publications.

(Siguen los datos de publicación y las páginas totales del libro.)

Pueden incluirse, como datos explicativos, la información sobre la traducción y sobre los editores de una obra. Ambos datos amplían la información sobre el libro y se colocan después del título del libro. Vea los ejemplos citados bajo la sección de autor, editor, traducción, *supra,* págs. 63, 64.

Los datos de publicación

Después del título del libro se incluye en la ficha bibliográfica la información concerniente a los datos de publicación. Estos cubren el número de la edición, el sitio o lugar de publicación, el nombre de la casa publicadora y la fecha de publicación.

Los siguientes signos de puntuación separan los datos entre sí: punto y coma entre la edición y el lugar de publicación; dos puntos después del lugar de publicación; y coma separando el nombre de la casa editora de la fecha. Esta información debe siempre terminar con un punto.

Ejemplo:

2da ed.; Barcelona, España: Librería Religiosa, 1952.

Edición:

Se hace referencia a la edición del libro que se consulta (omitiéndose la información si hay una sola edición) por un número ordinal (1ra, 2da, 3ra, etc.), seguido por la abreviatura de la palabra edición. El número ordinal se menciona en el idioma en que se escribe el estudio, no de acuerdo con el idioma en que está escrito el libro que se utiliza como referencia.

Si la edición no está numerada, pero se describe con palabras tales como edición revisada, edición aumentada, edición acortada, etc., debe así mismo indicarse en la nota bibliográfica. La información se menciona en el idioma en que se escribe.

Ejemplos:

4ta ed.;	*4th ed.;*
4ta ed. aumentada;	*4th enlarged ed.;*
edición aumentada;	*enlarged edition;*
edición revisada;	*revised edition;*

(Es opcional utilizar abreviaturas.)

Sitio de publicación:

Debe mencionarse el lugar donde está localizada la casa editora responsable de la publicación. El nombre del lugar de publicación generalmente se encuentra entre los datos incluidos en la página del título del libro. Si dicha página menciona varios lugares, escoja el que está geográficamente más cerca de usted, o el primero mencionado en la página.

Debe mencionarse ciudad y país (Ej.: San Juan, P. R.); o ciudad y estado, para países federados (Ej.: Cambridge, Mass.). Si la ciudad es una metrópoli mundialmente conocida, como Nueva York, Madrid, Londres o París, no es necesario incluir el nombre del país al cual pertenece.

El nombre del lugar de publicación puede traducirse al idioma en que escribe el investigador, siempre y cuando exista una forma generalmente aceptada.

Ejemplos:

Nueva York:	Cambridge, England:
San Juan, P. R.:	Cambridge, Inglaterra:
Cambridge, Mass.:	Londres:

Si el libro no indica el sitio de publicación, inclúyanse entre corchetes las abreviaturas [s. l.]: que indica: sin lugar; en inglés [n. p.], que indica: *no place*.

Ejemplo:

2da ed.; [s. l.]: Librería Religiosa, 1952.

Casa publicadora:

La casa publicadora o editora es aquella institución que posee los derechos de propiedad *(copyright)* sobre la obra. Corrientemente la casa publicadora es también responsable de la impresión de ésta. Si el libro hace mención a una casa impresora distinta a la casa publicadora, menciónese únicamente la última. El nombre de la casa publicadora se incluye como aparece en la página del título. Si no se indica nombre alguno de casa publicadora o impresora, inclúyase entre corchetes la abreviatura [s. n], que indica: sin nombre del publicador; o [s. e.], que indica: sin casa editora. En inglés se utiliza [n. p.], que indica: *no publisher*.

Ejemplos:

Fano, Félix, compilador. *Indice gramatical*. San Juan, P. R.: [s. n.], 1943.

Muñoz Amato, Pedro, *et al*. *La nueva constitución de Puerto Rico,* informes a la Convención Constituyente preparados por la Escuela de Administración Pública de la Universidad de Puerto Rico. San Juan, P. R.: Ediciones de la Universidad de Puerto Rico, 1954.

(El libro indica: Impreso por Ograma, España, *Copyright:* Ediciones de la Universidad de Puerto Rico.)

La fecha de publicación:

La fecha de publicación se refiere al año en que el libro fue publicado. Si el libro no menciona la fecha de publicación, se incluye, entre corchetes, las abreviaturas [s. f.] o [s. a.], que indican: sin fecha, o sin año de publicación; en inglés [n. d.], que indica: *no date*. Si el trabajo no tiene fecha, pero el investigador puede suplirla, se indica la misma entre corchetes. Si la fecha que se suple es una aproximada, se le antecede a la misma la abreviatura c., del inglés *circa,* que indica; alrededor de.

Ejemplos:

Serrano Geyls, Raúl. *Un sistema de elecciones primarias para Puerto Rico*. San Juan, P. R.: Ediciones de la Universidad de Puerto Rico [s. a.].

(Nótese que se elimina la coma antes de los corchetes.)

Serrano Geyls, Raúl. *Un sistema de elecciones primarias para Puerto Rico*. San Juan, P. R.: Ediciones de la Universidad de Puerto Rico [c. *1955*].

Vea la sección siguiente para la fecha en casos de libros de varios volúmenes, colecciones y enciclopedias.

Número de volúmenes y páginas

La numeración de los libros consiste del número total de páginas y/o volúmenes de que consta el mismo.

Mencione el número total de páginas del libro, omitiendo la numeración de las páginas introductorias que se identifican con números romanos. A continuación, mencione la abreviatura de la palabra páginas.

Si el libro no tiene número en la página final, cuente la misma, o indique el total de páginas entre corchetes.

Ejemplos:

350 págs.
[350] págs., si usted contó la página final, la cual no estaba numerada.

Cuando se cita una sección específica, la abreviatura "págs." precede los números.

Ejemplo:

Diccionario enciclopédico U. T. E. H. A. 10 vols.; México: Unión Tipográfica Editorial Hispanoamericana, 1950-52. Vol. IV, 1951. Págs. 384-391.

Cuando se citan libros de un mismo tema, por un mismo autor, en varios volúmenes:

A. Si los volúmenes tienen la misma casa editora y son publicados en el mismo año.

Indique el número total de volúmenes antes de los datos de publicación. Así se indica que los datos de publicación son los mismos para todos los volúmenes.

Ejemplo:

Muñoz Marín, Luis. *Obras completas de Luis Muñoz Rivera.* 3 vols.; Madrid: Editorial Puerto Rico, 1925. 309, 362, 341 págs.

Si quiere indicarse que se ha leído un solo volumen, y no la obra completa, se indica en la forma siguiente:

Muñoz Marín, Luis. *Obras completas de Luis Muñoz Rivera.* 3 vols.; Madrid: Editorial Puerto Rico, 1925. Vol. I, 209 págs.

(Se leyó el Vol. I.)

B. Si los volúmenes tienen la misma casa editora, pero son publicados en distintos años.

Indique el número total de volúmenes, los años donde comienza y termina la publicación de los volúmenes y el número total de páginas.

Ejemplo:

Hostos, Adolfo de. *Tesauro de datos históricos.* 3 vols.; San Juan, P. R.: Imprenta del Gobierno, 1948-1951. 312, 306, 154 págs.

Si quiere indicarse que se ha leído un solo volumen y no la obra completa, se indica en la forma siguiente:

Hostos, Adolfo de. *Tesauro de datos históricos*. 3 vols.; San Juan, P. R.: Imprenta del Gobierno, 1948-1951. Vol. II, 1949, 306 págs.

(Para el Vol. II.)

C. Si los volúmenes son publicados por distintas casas editoras, en distintos años.

Indique el número total de volúmenes; a continuación, el volumen utilizado, los datos de publicación y el número de páginas de éste.

Ejemplo:

Obras completas de José Celso Barbosa. 5 vols.; Vol. IV, San Juan, P. R.: Imprenta Venezuela, 1939. 260 págs.

Cuando se citan libros que son colecciones de trabajos, cada sección escrita por un autor individual, pero compilados en un solo volumen, con un editor y un título común para el libro. (Cada sección puede tener su título individual.):

Ejemplos:

Alpern, Hymen y José Martel, eds. *Diez comedias del Siglo de Oro*. Nueva York: Harper and Brother, 1939. 859 págs.

(Si la cita es sólo a la obra completa.)

De Alarcón y Mendoza, Juan Ruiz. "La verdad sospechosa", págs. 519-604, en Hymen Alpern y José Martel, eds. *Diez comedias del Siglo de Oro*. Nueva York: Harper ana Brothers, 1939. 859 págs.

(Si la cita incluye una de las secciones.)

Cuando se citan libros que son colecciones de artículos, ensayos, poesías, etc.; cada sección escrita por un autor individual y con títulos diferentes para cada sección, compilados en varios volúmenes:

Ejemplo:

"Víctor Hugo". *Enciclopedia universal ilustrada*. 72 vols.; Vol. XXVIII, Madrid: Espasa-Calpe, 1925. Págs. 612-616.

Cuando se citan libros que forman parte de una serie, en la cual cada libro escrito por un autor individual tiene su título propio, y cada uno es de un tema diferente, pero todos los libros tienen un título en común, el de la serie:

Ejemplo:

Marciano, Carlos. *Viento en la carne.* Madrid: Adonais, 1954. 90 págs. (Colección Adonais, CXIV.)

Cuando se citan libros que son colecciones de artículos, ensayos, poesías, etc., escritas por un mismo autor, la obra puede ser publicada por el autor de las piezas encontradas en él o por un editor:

Ejemplo:

Villaespesa, Francisco. *Poesías completas.* 2 vols.; Madrid: Aguilar, 1954. 1302, 1794 págs.

Tagore, Rabindranath. *Verso y prosa para niños,* traducida al español por Zenobia Camprubí Jiménez, editada por Juan Asensio Alvarez-Torre y Carmen Gómez Tejera.

(Siguen los datos de publicación y el número total de las páginas del libro.)

LIBROS POR TITULO

Al incluir libros por su título, es necesario comenzar por éste la ficha bibliográfica, y se incluye en la sección de la tarjeta que le corresponde al nombre del autor.

El título del libro, los datos de publicación y el número de las páginas se incluyen de acuerdo con las reglas discutidas en la sección de libros por autor, teniendo en consideración, además, las siguientes reglas:

Obras anónimas

Se incluye el título; a continuación y separado por un punto, la palabra "anónimo".

Ejemplo:

La vida de Lazarillo de Tormes y de sus fortunas y adversidades. Anónimo. Madrid: Ediciones de la Lectura, 1914. 265 págs.

Bib. Gen.
U. P. R.
860.8
C 614 L
v. 25.

Obras cuyos autores no pueden identificarse con certeza

Se incluye el título de la obra; a continuación, el dato explicativo sobre la procedencia del mismo.

Ejemplo:

Anuario de la convención de las iglesias bautistas de Puerto Rico, actas de la quincuagésima primera asamblea celebrada en Caguas. Ponce, P. R.: Puerto Rico Evangélico, 1953. 13 págs.

Obras mejor conocidas por su título

Enciclopedias:

Incluya el título de la obra, el número de volúmenes de que consta, la edición (si hay más de una), los datos y las fechas de publicación, o sea, la fecha del primer y del último volumen.

Ejemplo:

Diccionario enciclopédico U. T. E. H. A. 10 vols.; México: Unión Tipográfica Editorial Hispanoamericana, 1950-1952.

(No se indica el número total de páginas.)

Si quiere hacerse una referencia a un volumen en particular (aquél donde se leyó el artículo usado para referencia) se indica éste en la siguiente forma:

Diccionario enciclopédico U. T. E. H. A. 10 vols.; México: Unión Tipográfica Editorial Hispanoamericana, 1950-1952. Vol. IV, 1951. Págs. 384-391.

(Se mencionan las páginas donde comienza y termina el artículo leído.)

Si se desea hacer referencia a un artículo en particular que aparece en una obra enciclopédica, indíquelo así:

"Víctor Hugo". *Enciclopedia universal ilustrada.* 72 vols.; Vol. XXVIII, Madrid: Espasa-Calpe, 1925. Págs. 612-616.

(Si el artículo aparece firmado, comience por el autor.)

Indices, diccionarios, atlas, bibliografías, manuales:

Incluya el título de la obra, los datos de publicación y el número total de páginas.

Ejemplo:

Bibliografía puertorriqueña, 1931-1945. San Juan, P. R.: Centro de Investigaciones Sociales de la Universidad de Puerto Rico, 1947. 547 págs.

Diccionario de anglicismos, de Ricardo J. Alfaro. Panamá: Imprenta Nacional, 1950. 849 págs.

Quién es quién en Puerto Rico. 4 vols.; San Juan, P. R.: Real Hermanos, Inc., 1939-1940. Vol. I, 1933. 238 págs.

Manual del abogado. San Juan, P. R.: Colegio de Abogados de Puerto Rico [s. f.]. 158 págs.

La Biblia:

Incluya el título y la versión utilizada (como un dato explicativo). La primera letra de cada palabra del título se incluye en mayúsculas.

Ejemplo:

La Sagrada Biblia Católica, de la Vulgata Latina. Nueva York: The University Press [s. f.]. 1135 págs.

REVISTAS

Fichas bibliográficas para revistas generales

Las fichas bibliográficas de revistas pueden comenzarse por el autor, si el artículo está firmado o, de lo contrario, por el título del artículo.

Contenido de la ficha de revista

Junto al margen superior izquierdo:

El nombre del autor, apellido primero

Un poco más abajo, sangrado a cinco espacios de la primera información:

El título del artículo (si tiene autor)
El nombre de la revista
El volumen y/o número
Fecha
Número de páginas

En el centro de la tarjeta:

Cualquier comentario sobre la información

Junto al margen inferior izquierdo:

Localización de la referencia:

Nombre de la biblioteca
Otra fuente donde fue obtenida la misma

Puntuación de la ficha de revista

La inserción de la puntuación debida se ilustra en el ejemplo que sigue (note también el orden y contenido de la ficha):

Benítez, Jaime.

"Palabras a la clase graduanda". *La Torre*. Año III. Núm. 2 (julio-septiembre, 1945). Págs. 11-30.

Bib. Cs. Soc.
U. P. R.

El autor del artículo

Si los artículos están firmados, debe comenzarse la ficha bibliográfica por el nombre del autor. Se siguen las reglas en cuanto al autor, discutidas en la sección de libros, págs. 62-66.

Ejemplo:

Cordero, Rafael de J.

El título del artículo

El título sigue a la información sobre el autor. De no aparecer el artículo firmado, o si la referencia es a una sección (notas editoriales, libros, comentarios, etc.) que no aparece firmada, la nota bibliográfica comienza con el título del artículo.

El título se incluye completo, tal y como aparece en el artículo, sin traducir el mismo. Se coloca entre comillas, separado de la información que le sigue por un punto. Se utilizan mayúsculas y minúsculas de acuerdo con las reglas discutidas en la sección de libros, págs. 66, 67.

Ejemplos:

"Criterios presidenciales".

Cordero, Rafael de J. "Algunos factores económicos en el problema político de Puerto Rico".

"Notas editoriales".

El nombre de la revista

El nombre de la revista se incluye subrayado (o en itálicas, en obras impresas). Este nunca se traduce, y se utilizan mayúsculas en la primera letra de cada nombre, pronombre, adverbio y verbo del mismo. Separe el nombre de los datos que le siguen por un punto.

Ejemplo:

La Torre.

The Annals of the American Academy of Political and Social Science.

Si la revista está dedicada a un mismo tema, inserte el nombre que lleva el número en particular antes del nombre de la revista, y subraye ambos.

Ejemplo:

Homenaje a José Ortega y Gasset. La Torre.

Puerto Rico, a Study in Democratic Development. The Annals of the American Academy of Political and Social Science.

El volumen

El volumen se identifica por números romanos, al igual que el año (si es ésta la identificación que se usa en la revista). El número romano va precedido por la palabra volumen, abreviada.

Ejemplo:

Wells, Henry. "La reorganización administrativa en Puerto Rico". *Revista de Ciencias Sociales.* Vol. 1. Núm. 1.

Si la edición de la revista no tiene identificación adicional al volumen, se elimina la abreviatura de la palabra volumen.

Ejemplo:

Cordero, Rafael de J.. "Algunos factores económicos en el problema político de Puerto Rico". *Boletín de Comercio,* I (enero febrero, 1944).

La fecha

Se incluyen las fechas mencionando el mes (o estación del año) y el año, incluyendo estos datos entre paréntesis, después del número del volumen. Puede traducir el nombre del mes o de la estación del año.

Ejemplos:

(enero-febrero, 1944)
(verano, 1937).

Si la revista no identifica el volumen, se eliminan los paréntesis que encierran la fecha de publicación.

Ejemplo:

Revista de Administración Pública. Abril-junio, 1956. Págs. 5-20.

Las páginas

Se indican las páginas donde el artículo comienza y donde termina, precedida esta información por la abreviatura de la palabra páginas. Las páginas se identifican por números arábigos. El volumen se identifica por números romanos.

Ejemplo:

Revista de Ciencias Sociales. Vol. I, Núm. 1 (marzo, 1957). Págs. 23-26.

Si la revista sólo se identifica por el volumen (por ejemplo, cuando no se indica el número), se elimina la abreviatura de la palabra páginas y se indican los números de éstas.

Ejemplo:

Boletín de Comercio, I (enero-febrero, 1944). 4-5.
(Para Vol. I, páginas 4-5.)

Fichas de revistas legales

Las fichas de revistas legales siguen las mismas reglas (en cuanto a autor, título del artículo y nombre de la revista) discutidas en la sección anterior. El nombre de la revista puede abreviarse, según se indica en la página del título de ésta. El volumen se indica por un número arábigo y se coloca antes del nombre de la revista, sin palabra alguna que lo identifique. Las páginas se insertan después del nombre de la revista, sin palabras que las identifiquen. La fecha menciona únicamente el año y se inserta éste entre paréntesis. El contenido, orden y puntuación se ilustran en el ejemplo siguiente:

Muñoz Amato, Pedro.

"La regla de la prueba de referencia y sus excepciones". 13 *Rev. Jur. U. P. R.* 76-103 (1943).

PERIODICOS

Fichas bibliográficas para periódicos

Contenido de las fichas

Junto al margen superior izquierdo:

El nombre del periódico.

Un poco más abajo, sangrado a cinco espacioss de la primera información:

La fecha o fechas de los periódicos utilizados y las páginas.

En el centro de la tarjeta:

Cualquier comentario o información que desee hacer sobre el artículo leído.

Junto al margen inferior izquierdo:

Nombre de la biblioteca donde consiguió el mismo, o del sitio donde lo encontró.

Puntuación de las fichas

La inserción de la puntuación, al igual que el orden y el contenido, se ilustran en el ejemplo siguiente:

El Mundo (San Juan, P. R.).

19 de septiembre de 1956. Pág. 12.
25 de octubre de 1957. Págs. 6, 16

Bib. Gen.
U. P. R.

El nombre del periódico

Si el nombre del periódico no menciona el lugar de publicación, agregue esta información después del nombre del periódico, y entre paréntesis.

Ejemplos:

El Imparcial (San Juan, P. R.)
New York Times.

El nombre del periódico no se traduce.

La fecha de publicación

La fecha incluye día, mes y año, y se anota en el idioma en que se está escribiendo la investigación.

Ejemplo:

El Mundo (San Juan, P. R.). 19 de septiembre de 1956.

Las páginas de referencia

Incluya después de la fecha la referencia específica a las páginas donde comienza y termina el artículo utilizado.

Ejemplo:

El Mundo (San Juan, Puerto Rico). 19 de septiembre de 1957. Págs. 6, 12.

La edición

Si el periódico tiene más de una edición diaria, es necesario señalar la edición utilizada. Incluya esta información después de la fecha, separada de ésta por un punto.

Ejemplo:

El Mundo (San Juan, P. R.). 19 de septiembre de 1956. Pág. 6. Edición final.

FUENTES INEDITAS

Fichas bibliográficas para fuentes inéditas

La información tomada de fuentes inéditas (libros sin publicar, ensayos, disertaciones doctorales, tesis, informes, cartas, minutas, etc.) se comienza en las fichas por el autor, o por el documento. No pueden darse reglas fijas para la información que deba incluirse en las fichas sobre la identificación de la fuente inédita. Debe incluirse todo aquello que sea considerado necesario para indicar claramente su contenido y procedencia. Los ejemplos que se incluyen más adelante ilustran la forma en que pueden mencionarse los datos en las fichas bibliográficas.

Contenido para libros sin publicar, ensayos, tesis, informes

Margen superior izquierdo:

El nombre del autor, apellido primero

Un poco más abajo, sangrado a cinco espacios de la primera información:

Título
Identificación del libro, ensayo, etc.
Total de páginas de que consta

En el margen inferior izquierdo:

Localización

Puntuación:

La puntuación, orden y contenido de los datos se ilustran en el siguiente ejemplo:

Meléndez Cruz, Vicente.

"La supervisión de los empleados gubernamentales". Tesis sometida para el grado de Maestro en Artes en Administración Pública. Inédita. Universidad de Puerto Rico, Escuela de Administración Pública, 1950. 100 págs.

U. P. R.
Bib. Gen.
Sec. P. R.

El autor:

Las reglas discutidas en la sección de libros por autor se ajustan a la mención del autor de obras inéditas. Vea las páginas 62-66.

El título y la identificación:

Incluya el título entre comillas y añada a éste, separado por un punto, la información que explique claramente el documento. Esta identificación debe incluir la fecha en que el mismo fue hecho, presentado o preparado y, de ser posible, la organización responsable donde se consigue el mismo.

Ejemplos:

Meléndez Cruz, Vicente. "La supervisión de los empleados gubernamentales". Tesis sometida para el grado de Maestro en Artes en Administración Pública. Inédita. Universidad de Puerto Rico, Escuela de Administración Pública, 1950. 100 págs.

Cátala, Felicidad. "Programas de acción para encarar los cambios sociales ocurridos en Puerto Rico". Ponencia ante la Décima Convención de Orientación Social. Mimeografiada. Universidad de Puerto Rico, Escuela de Trabajo Social [s. f.]. 16 págs.

Sánchez, Manuel. "Un problema de coordinación". Ensayo para el curso de Política y Administración. A máquina. Universidad de Puerto Rico, Escuela de Administración Pública, 1956. 25 págs.

Las páginas:

Mencione el número total de páginas de que consta el documento; a continuación la abreviatura de la palabra páginas. Vea el ejemplo anterior.

Contenido para cartas, informes, minutas, documentos en archivos

Margen superior izquierdo:

Nombre del autor, o identificación del documento

En el centro de la tarjeta:

Propósito o breve resumen del documento
Fecha en que se emite el mismo

En el margen inferior izquierdo:

Localización

Puntuación:

La puntuación, orden y contenido de los datos se ilustran en los siguientes ejemplos:

Benitez, Jaime. Carta circular dirigida al Claustro Universitario, fechada el 21 de junio de 1956. Asunto: Nombramientos. U. P. R. Oficina del Rector

Record de las vistas universitarias. Informes ante la Junta Universitaria. Vistas celebradas del 12-25 de octubre de 1955. Asunto: Ascensos. U. P. R. Oficina de la Junta Universitaria

Fichas bibliográficas para hojas sueltas

Fichas bibliográficas de información obtenida de hojas sueltas deben identificar ésta lo más claro posible. Debe mencionarse el título, el nombre del autor (si está firmada), la identificación de la misma y la fecha.

El contenido, orden y puntuación se ilustra en los ejemplos siguientes:

> Hernández, Jesús y Adelaida Ibáñez.
>
> "La juventud progresista logra entrevista con Gobernador sobre baja en pasaje de guaguas". Hoja suelta. Río Piedras, P. R. [s. f.]. 1 h.

FUENTES PERSONALES

Fichas bibliográficas para fuentes personales

Es imposible adoptar una sola regla que se ajuste a la forma de expresar la información obtenida a través de entrevistas personales. Se incluyen, a manera de ejemplo, las reglas a continuación.

Contenido de la ficha:

Margen superior izquierdo:

Nombre de la institución donde se consigue la información

Al centro, sangrado a cinco espacios de la primera información:

Identificación de la fuente y el propósito
Fecha de la entrevista
Asunto de la entrevista

Puntuación:

La puntuación, orden y contenido de los datos se ilustran en el siguiente ejemplo:

Departamento del Trabajo de Puerto Rico, División de Seguridad de empleo, Sección de Contaduría.

Entrevista personal con el jefe y otros empleados. 14 de febrero de 1957.
Asunto: sistema de retiro.

Para entrevista con varios individuos:

Entrevistas personales con individuos de una lista selecta.

14-18 de febrero de 1957.
Asunto: reacción ante la ordenanza sobre el cierre de la plaza de mercado de Río Piedras.

No es necesario indicar la localización de la referencia en estas tarjetas de entrevistas, ya que no será necesario volver a utilizar las mismas.

DOCUMENTOS GUBERNAMENTALES [1]

Fichas bibliográficas para documentos gubernamentales

Es imposible adoptar una sola regla que se ajuste a todos y cada uno de los distintos tipos de documentos emitidos por el gobierno y sus instrumentalidades. Pero existen dos consideraciones de importancia: (1) debe incluir toda la información que se considere necesaria para identificar claramente la naturaleza y procedencia del documento, y (2) debe haber uniformidad en todas las fichas bibliográficas sobre un mismo documento.

Contenido de la ficha:

Junto al margen superior izquierdo:

El nombre del país responsable del documento y, si es necesario, de la instrumentalidad responsable.

Un poco más abajo, sangrado a cinco espacios de la primera información:

La identificación del documento

Esta información varía de acuerdo con el tipo del documento. Por lo tanto, consulte los ejemplos que se incluyen a continuación para el caso en particular.

Número total de páginas de que consta el documento

Al centro:

Cualquier comentario que desee hacer sobre la referencia

Junto al margen inferior izquierdo:

Localización de la referencia

Puntuación:

La puntuación varía de acuerdo con el tipo de documento utilizado. Consulte, por lo tanto, los ejemplos de los diversos tipos.

DOCUMENTOS DE LA RAMA EJECUTIVA

Informes anuales

Puerto Rico. Autoridad de las Fuentes Fluviales.

Informe anual, año económico 1951-1952. San Juan, P. R.: 1952. 64 págs.

---

1. Vea el capítulo de fuentes de información, *supra*, págs. 9-57 para la explicación sobre el contenido de los distintos documentos gubernamentales.

Estados Unidos. Department of Agriculture.

Report of the Secretary of Agriculture, 1957. Washington, D. C.: 1958. 68 págs.

Informes especiales y oficiales

Puerto Rico. Comisión de Reorganización.

Informe sobre la reorganización de la rama ejecutiva del gobierno de Puerto Rico, presentado al Gobernador de Puerto Rico. San Juan, P. R. [1949]. 179 págs.

Puerto Rico. Junta de Planificación.

The Place of Planning in Society, por Rexford G. Tugwell, Technical Paper No. 7. San Juan, P. R.: 1943. 88 págs.

Puerto Rico. Junta de Planificación.

Housing in Puerto Rico, por Telesforo Carrero, Technical Paper No. 5. San Juan, P. R.: 1950. 104 págs.

Puerto Rico. Junta de Planificación.

Reglamento de lotificación, febrero, 1950, Reglamento de planificación número 3. Reproducción *offset.* San Juan, P. R. 1950. 43 págs.

Puerto Rico. Departamento de Agricultura y Comercio.

Organización y funcionamiento del Negociado de Economía Agrícola del Departamento. Mimeografiado. San Juan, P. R.: 1950. 10 págs.

Estados Unidos. Commission on Organization of the Executive Branch.

Final Report to the Congress. Washington, D. C.: 1955. 32 págs.

Decretos individuales de agencias publicados por éstas

Puerto Rico. Junta de Salario Mínimo.

Decreto mandatorio Núm. 19. Fija salarios mínimos provisionales para los trabajadores empleados en la industria cafetalera de Puerto Rico. San Juan, P. R.: 1950. 1 hoja.

Los datos de publicación para los informes anuales, los informes especiales y los decretos se refieren al *lugar donde está ubicada* la agencia o entidad responsable del informe, y al año de publicación.

Proclamas, órdenes ejecutivas, reglamentos

Puerto Rico. Oficina del Auditor.

Reglamento del Auditor de Puerto Rico referente a contabilidad, custodia, conservación y uso de la propiedad. 16 de julio de 1915. San Juan, P. R.: 1915. 17 págs.

Puerto Rico.

Reglamento creando la Junta de Subasta. 4 *R. y R. P. R.* 907-914.

(Título 4 de Reglas y Reglamentos de Puerto Rico, sección 907-914.)

Estados Unidos.

Armed Forces Day. Proclama 3172, 7 de marzo de 1957. *22 Fed. Reg.* 1427 (1957).

(Se indican las páginas donde comienza y termina la proclama en el volumen del *Federal Register,* y el año que corresponde al volumen. Este ejemplo cubre únicamente una página.)

Discursos, debates, etc. (publicados)

Puerto Rico.

El hondo significado de la ciudadanía de los Estados Unidos. Discurso pronunciado por Luis Muñoz Marín, Gobernador de Puerto Rico. 25 de julio de 1956. San Juan, P. R.: 1956. 19 págs.

Estados Unidos.

Principles in Foreign Policy Discurso pronunciado por John Foster Dulles, Secretario de Estado de los Estados Unidos. 11 de abril de 1955. *Department of State Publication No. 5874. Government Foreign Policy Series 101*. 23 págs.

Sentencias de agencias administrativas

Puerto Rico.

Gregorio Estrada v. Fondo de Seguro del Estado. 4 *Decisiones de la Comisión Industrial de Puerto Rico* 125-127 (1948).

Estados Unidos.

Service Pipe Line Co. v. Chicago B. & Q. R. Co. *296 Interstate Commerce Commission Reports* 411-417 (1955).

Se indica en estos casos las páginas donde comienza y termina el caso a que se hace referencia. La fecha se refiere al año en que el caso fue decidido, no al año de publicación del volumen donde se encuentra.

DOCUMENTOS DE LA RAMA LEGISLATIVA

Constituciones

Puerto Rico.

Constitución del Estado Libre Asociado de Puerto Rico.

Estados Unidos.

Constitution of the United States.

El Salvador

Constitución de El Salvador (1886).

(En este caso es necesario indicar la fecha de la constitución, ya que dicha constitución no es la vigente, habiéndose aprobado otra en 1950.)

Constitución de El Salvador (1950).

(Si se cita la Constitución del 1950.)

Actas del Senado o de la Cámara (Journals)

Puerto Rico. Cámara de Representantes.

Actas de la Cámara. Segunda asamblea legislativa ordinaria, 1919-1920. 20 de marzo de 1919. Págs. 204-205.

Puerto Rico. Senado.

Actas del Senado. Novena asamblea legislativa, primera sesión ordinaria. 13 de agosto de 1917. Págs 1-8.

Estados Unidos. Senado.

S. Jour. Cong. 79. 2da sesión (1944). Págs. 209-210.

Proyectos de ley (Bills)

Puerto Rico. Cámara de Representantes.

P. de la C. Núm. 217 (1919). Para disponer de la cantidad de $350,000. *Actas de la Cámara.* 20 de marzo de 1919. Págs. 204-205.

(Si los proyectos no estuvieren numerados consecutivamente sino que se numeraren por sesión legislativa, indique la sesión donde se presentaron los mismos.)

Estados Unidos. House of Representatives.

Exchange of Hands by the University of New Mexico. *H. R. 1504.* Cong. 76. 2da sesión (1940).

Vistas ante las comisiones legislativas (Congressional Committee Hearings)

Puerto Rico. Senado.

Comité especial que estudia la industria lechera. *Vista pública*. 1 de mayo de 1956. Mimeografiado. 6 págs.

(Las referencias en estos casos son trabajos a máquina o en estarcidos, ya que en Puerto Rico los records de las vistas no se publican.)

Estados Unidos. Senado.

Hearings before Senate Committee on S. 1717. Atomic Energy Hearings. Cong. 79. 2da sesión. Washington, D. C.: 1946. 68 págs.

(Si las vistas son sobre un proyecto de ley, indique el número de éste y la sesión ante la cual se presentó el mismo.)

Informes de comisiones (Senate and House Reports)

Estados Unidos. Senado. Committee on Interior and Insular Affairs.

Senate Report No. 1163. Cong. 85. 1ra sesión. 1957. *Providing for the admission of the State of Alaska into the Union*. Washington, D. C.: 1957. 101 págs.

Debates, informes, mensajes, discursos, peticiones, etc., ante las Cámaras, incluídos en el Diario de Sesiones (Congressional Record)

Puerto Rico.

9 *Diario de Sesiones* 1623. 19 de mayo de 1957.

(Para el Volumen 9, pág. 1623.)

Estados Unidos.

103 *Congressional Record* A7493. 30 de agosto de 1957.

(Para el Volumen 103, pág. A7493, edición diaria.)

Estados Unidos.

41 *Congressional Record* 1251 (1900).

(Para el Volumen 41, pág. 1251, de la edición encuadernada.)

Documentos misceláneos publicados por las cámaras. (House and Senate Documents)

Puerto Rico.

El Capitolio Estatal, por Néstor Rigual, Secretario de la Cámara de Representantes. San Juan, P. R.: 1954. 286 págs.

Estados Unidos.

H. R. Doc. Núm. 62. Cong. 80. 1ra sesión (1946). 36 págs.

Leyes sueltas (Slip Laws)

Puerto Rico.

P. de la C. Núm. 145. 1ra impresión. 23 de junio de 1957.

Estados Unidos.

Pub. L. Núm. 101. Cong. 80. 1ra sesión. 23 de junio de 1947.

(Si las vistas son sobre un proyecto de ley, indique el número de éste y la sesión ante la cual se presentó el mismo.)

Leyes encuadernadas

Puerto Rico.

Ley Núm. 104. *Leyes de Puerto Rico, 1955.*

Puerto Rico.

Ley de 12 de marzo de 1903. Ley proveyendo para mejoras permanentes en la Estación Experimental. *Leyes de Puerto Rico, 1903.*

(Esta ley no aparece numerada en el volumen de leyes.)

Puerto Rico.

23 *L.P.R.A.* Sección 3.

(Título 23, sección 3. No es necesario indicar las páginas ni el año de las *Leyes de Puerto Rico Anotadas.*)

Estados Unidos.

Public Law No. 433. 63 *United States Statutes at Large* 985 (1949).

Estados Unidos

29 *U.S.C.A.* Sección 36.

(Título 29, sección 36 del *United States Code Annotated.* No es necesario indicar las páginas ni el año del *United States Code Annotated.*)

Códigos

Puerto Rico.

Código de enjuiciamiento criminal de Puerto Rico (1902).

Estados Unidos

Internal Revenue Code (1949).

DOCUMENTOS DE LA RAMA JUDICIAL

Sentencias de las cortes federales, Estados Unidos

Tribunal Supremo

Sentencias del Tribunal Supremo federal, publicadas en *United States Supreme Court Reports*, publicación oficial del gobierno:

United States v. Baldi, 344 *U.S.* 561 (1953).

(Caso que aparece en el Volumen 344 del *United States Supreme Court Reports*, página 561, decidido en 1953.)

Sentencias del Tribunal Supremo federal, publicadas en el *Supreme Court Reporter* y el *Supreme Court Reporter, Lawyer's Edition;* publicaciones de agencias privadas, que incluyen el texto de las decisiones, con anotaciones:

United States v. Baldi, 73 *S. Ct.* 391 (1953).

(Caso que aparece en el Volumen 73, *Supreme Court Reporter*, página 391, decidido en 1953.)

United States v. Baldi, 97 *L.Ed.* 549 (1953).

(Caso que aparece en el Volumen 97, *Supreme Court Reports, Lawyer's Edition*, página 549, decidido en 1953.)

Cortes federales inferiores del Tribunal Supremo

Sentencias de las cortes federales, inferiores al Tribunal Supremo, publicadas en el *Federal Supplement* (para las decisiones de las cortes de distrito), y en el *Federal Reporter* (para las decisiones de las cortes de circuito, y las cortes de circuito de apelación); publicaciones privadas, que son parte del *National Reporter System:*

Romano v. U.S., 90 *F. Supp.* 15 (1950).

(Caso que aparece en el Volumen 90, *Federal Supplement*, página 15, decidido en 1950.)

In re Klein. 281 *F.* 317 (1922).

(Caso que aparece en el Volumen 281, *Federal Reporter*, página 317, decidido en 1922.)

Mora v. Mejías. 206 *F. 2d* 377 (1953).

(Caso que aparece en el Volumen 206, *Federal Reporter, Second Series*, página 377, decidido en 1953.)

Sentencias de las cortes federales, inferiores al Tribunal Supremo, que incluyen casos decididos en el siglo 19, publicadas en *Federal Cases*, publicación no-oficial:

24 *Fed. Cases* 784. No. 14,141 (1873).

(Caso núm. 14,141 que aparece en el Volumen 24, *Federal Cases*, página 784; decidido en 1873.)

Sentencias de las cortes estatales, Estados Unidos

Sentencias de las cortes de más alta jurisdicción en los estados, publicadas por cada estado, en volúmenes individuales, por año:

Griffin v. Wilcox. 21 *Indiana Reports* 370 (1863).

(Caso que aparece en el Volumen 21, *Indiana Reports*, página 370, decidido en 1863.)

Sentencias de las cortes de más alta jurisdicción en los estados, publicadas en el *National Reporter System* (publicación de una institución privada que divide los estados en regiones geográficas, y agrupa las decisiones de estos estados por regiones):

Wood v. State. 192 *Atl.* 257 (1934).

(Caso que aparece en el Volumen 192, *Atlantic Reporter*, página 257, decidido en 1934.)

Du Bois v. Gibbons. 118 *N.E.* (2d) 295 (1954).

(Caso que aparece en el Volumen 118, *North Eastern Reporter, Second Series*, página 295, decidido en 1954.)

In re Brices Guardianships, 8 *N.W.* (2d) 576 (1943).

(Caso que aparece en el Volumen 8, *North Western Reporter, Second Series*, página 576, decidido en 1943.)

Sentencias de las cortes de más alta jurisdicción en los estados, emitidas en el siglo 19, publicadas en el *American Decisions*, publicación oficial:

Draper v. Snow. 75 *Am Dec.* 408 (1859).

(Caso que aparece en el Volumen 75, *American Decisions*, página 408, decidido en 1859.)

Sentencias del Tribunal Supremo, Puerto Rico

Sentencias de la Corte Suprema de Puerto Rico, publicadas en Decisiones de Puerto Rico (español) y *Puerto Rico Reports* (inglés); publicaciones oficiales del gobierno:

Prado v. Quiñones. 78 *D.P.R.* 322 (1955).

(Caso que aparece en el Volumen 78, Decisiones de Puerto Rico, página 322, decidido en 1955.)

Prado v. Quiñones. 78 *P.R.R.* 300 (1955).

(Caso que aparece en el Volumen 78, *Puerto Rico Reports*, página 300, decidido en 1955.)

Fichas bibliográficas para documentos de organizaciones internacionales[1]

Es necesario adoptar un criterio flexible, de la misma manera que para documentos públicos, al exigir requisitos de estilo para fichas bibliográficas sobre publicaciones de organizaciones internacionales. Sin embargo, es indispensable exigir uniformidad en la inclusión de todos aquellos datos que identifiquen, sin lugar a dudas, la naturaleza y procedencia de la fuente.

Se considera a la organización publicadora como el autor colectivo del documento.

Contenido de la ficha

Margen superior izquierdo:

Identificación de la entidad responsable por el documento.

Un poco más abajo, sangrado a cinco espacios de la primera información:

Identificación del documento

Como ésta varía, los ejemplos que se incluyen más adelante pueden ayudar al lector.

Datos de publicación

Lugar de publicación y año.

Al centro:

Cualquier comentario que se desee hacer sobre la utilidad del documento.

Margen inferior izquierdo:

Localización de la referencia.

---

1. Vea el capítulo de fuentes de información, *supra*, págs. 9-57 para la explicación sobre los documentos de organizaciones internacionales.

Puntuación y ordenación de los datos

La puntuación y la ordenación de los datos en las fichas varía dependiendo de la naturaleza del documento.

Los documentos publicados por la Liga de las Naciones mencionan un número de serie, un número que identifica el documento y, cuando están disponibles, incluyen número de venta. Estos datos deben mencionarse en las fichas.

Ejemplos:

League of Nations. Permanent Mandates Commission.

Minutes and Reports of the Thirty-third Session. 8-9 de noviembre de 1937. VI. A. 4. Geneva: 1937. 192 págs.

U. P. R.
Bib. Gen.
Sección de
Documentos

League of Nations.

Report on the Work of the League During the War, sometido a la asamblea por el Secretario-general interino. General. 1945.2. Ginebra: 1945. 167 págs.

(El dato explicativo se traduce.)

Biblioteca
Personal

Artículos publicados por la Liga de las Naciones en sus revistas o boletines periódicos:

Taylor, R. M. y otros.

"Investigation on Undulant Fever in France". *Bulletin of the Health Organization of the League of Nations*. VII (junio, 1938). Págs. 503-545.

Citado del libro
de Peyton Hurt

Documentos publicados por el International Labor Organization:

Ejemplos [1]:

International Labor Office.

Labor Courts: An International Survey of the Judicial Systems for the Settlement of Disputes, Studies and Reports. Series A. No. 40. Geneva: 1938. 220 págs.

(En este caso el dato explicativo —Series and Reports— no se traduce, ya que es esencial para identificar la publicación.)

U.P.R.
Bib. Gen.
Sec Doc.

1. Ejemplos tomados del libro de PEYTON HURT, *Bibliography and Notes, a Style Manual for College and University Students* (Berkeley: 1949), págs. 58-60.

International Labor.

Minutes of the Ninety-first Session of the Governing Body. Londres, 16 al 20 de diciembre de 1943. Montreal: 1944. 192 págs.

(Las fechas de la sesión también se traducen.)

U.P.R.
Bib. Gen.
Sec. Doc.

Artículos publicados en revistas se incluyen por el autor o el título:

Tait, D. C.

"Social Aspects of a Public Investment Policy". *International Labour Review*. XLIX (enero, 1944). 1-8.

U.P.R.
Bib. Gen.
Sec. Rev.

Documentos publicados por la Organización de las Naciones Unidas:

No traduzca los mismos. Dé la información en el idioma en que utiliza la fuente.

Ejemplos [1]:

Naciones Unidas. Comisión de Energía Atómica.

Actas oficiales, segundo informe al Consejo de Seguridad. 11 de septiembre de 1947. AEC/26. S/57. Nueva York: 1947. 108 págs.

Naciones Unidas. Departamento de Asuntos Sociales.

La repercusión de la declaración universal de derechos humanos. ST/SOA/5 Rev. 1. 1953. XIV.1. Nueva York: 1953. 59 págs.

UNESCO.

La recepción radiofónica a bajo costo, por Claude Mercier, estudios monográficos de la UNESCO sobre prensa, cine y radio en el mundo de hoy. París: 1950. 131 págs.

Mercier, Claude. *La recepción radiofónica a bajo costo,* estudios monográficos de la UNESCO sobre prensa, cine y radio en el mundo de hoy. París: UNESCO, 1950. 131 págs.

United Nations.

Documents of the Atomic Energy Commission and its Comittees. Doc. AEC/INF 6. Lake Success: 1943. 68 págs.

(Se traduce la abreviatura de la palabra "páginas" y el lugar de publicación, si es traducible.)

Una vez terminada su búsqueda de referencias y preparadas las tarjetas bibliográficas correspondientes, el investigador procede a organizar sus fichas para la lectura.

Las fichas pueden ordenarse: (1) siguiendo el orden alfabético de los autores (o de los títulos) de cada obra, (2) por los temas del bosquejo que las obras discutan.

El segundo criterio de organización es recomendable si las fichas son demasiado numerosas y el tema del estudio es extenso y complejo.

---

1. Vea el capítulo sobre fuentes de información, *supra,* págs. 9-57 para la explicación de la identificación de los documentos por número de serie y número de venta.

CAPÍTULO V

PREPARACION DEL BOSQUEJO

Después de definir el tema, preparar las tarjetas de la bibliografía provisional y leer las obras que ofrecen un enfoque general del tema, el investigador habrá logrado, sin lugar a dudas, una concepción clara de la importancia individual y colectiva de los elementos que lo componen. De ahí deberá proceder a documentarse debidamente para la elaboración, armonización y presentación de esos elementos. Inmediatamente, surge la necesidad de un bosquejo. ¿Qué es un bosquejo? ¿Cuál es su importancia? ¿Cómo se prepara?

El bosquejo es un plan de trabajo donde aparecen, en forma esquemática, las ideas que van a servir de marco orientador en la elaboración del estudio que el investigador proyecta llevar a cabo. Dichas ideas suelen expresarse siguiendo un plan de análisis lógico, o cronológico, o una combinación de éstos, por medio de títulos y subtítulos, hasta plantear el tema en su totalidad.

Dos necesidades importantísimas imponen la elaboración de un bosquejo: (1) el investigador debe tener ante sí un cuadro total del problema, en todos sus aspectos; y (2) necesita una guía para hacer una selección juiciosa y ordenada de datos e ideas.

Las ideas y los datos no tienen gran valor cuando están esparcidos y fragmentados, pero adquieren un significado especial una vez que se les presenta con sentido de orden y relación lógica. El bosquejo se formula con el propósito de llenar estas necesidades básicas.

No es posible, ni necesario, ceñirse estrictamente al bosquejo preliminar, ya que es un instrumento para uso propio del investigador y debe adaptarse a sus necesidades. Está sujeto a cambios, de acuerdo a las averiguaciones y convencimientos del investigador, según progresa en su estudio.

ELEMENTOS QUE COMPONEN EL BOSQUEJO

Títulos Principales

El bosquejo se compone de varias categorías de títulos y subtítulos, que en conjunto se refieren al contenido del estudio proyectado. El investigador puede orientarse al seleccionar los temas de su estudio por la definición que dio del problema. Aquellos temas que a juicio del investigador constituyen las materias de mayor importancia, suelen representarse por títulos principales. Dichos títulos ocupan los lugares de mayor prominencia, se escriben con letras mayúsculas y se identifican con números romanos, en mayúsculas.

Los títulos de temas principales reflejan cierto grado de independencia individual, esto es, cada uno expone una idea central con datos explicativos, pero a la vez deben reflejar mutua relación y coordinación y deben ser de la misma categoría e importancia. Su relación de conjunto debe ser de tal naturaleza que, si los uniéramos todos por medio de la conjunción "y", nos darían la sensación de unidad, de armonía, al expresar los componentes de la idea central del proyectado estudio.

Por ejemplo, si queremos estudiar la organización del gobierno de Puerto Rico, podríamos considerar como títulos principales los siguientes:

I. LA ORGANIZACION DE LA RAMA LEGISLATIVA
II. LA ORGANIZACION DE LA RAMA EJECUTIVA
III. LA ORGANIZACION DE LA RAMA JUDICIAL

Todos los temas arriba expuestos son de igual importancia, de manera que se colocan en el mismo plano; guardan estrecha relación con el tema central; mantienen estrecha relación entre sí; y a la vez pueden elaborarse independientemente. Al mismo tiempo, si los uniéramos por medio de la conjunción "y", nos darían una idea clara de los aspectos que cubre el tema central.

Los criterios para decidir el orden en que deben aparecer los distintos títulos principales los determinará el investigador de acuerdo con las normas para organizar el material. (Vea organización del material, pág. 101.)

Subtítulos

Cada título principal debe desarrollarse en subtemas, el alcance de los cuales va limitándose y detallándose progresivamente hasta que se logre desmenuzar el problema en sus más simples componentes. Este procedimiento se expresa en el bosquejo por medio de títulos de segundo, tercero y cuarto orden —títulos que componen subdivisiones y secciones de los títulos principales.

Los subtítulos sirven el propósito de elaborar, ampliar, limitar y explicar las ideas expresadas en los temas principales por medio de ejemplos, argumentaciones, declaraciones, etc., y es por esto que se consideran elementos subordinados a los títulos principales.

Así, por ejemplo, bajo el título principal, "La Rama Legislativa", podrían formularse los siguientes subtítulos de segundo orden:

I. LA RAMA LEGISLATIVA

A. Reglas de procedimiento legislativo
B. Procedimiento de las cámaras
C. Elección de los miembros
D. Promulgación de leyes

Estos títulos de segundo orden aparecerán en un nivel distinto a los títulos principales, pero en un mismo nivel entre sí, para que se vea clara su posición de subordinación al tema principal y su posición de igualdad mutua.

Cada subtítulo sucesivo indicará su elemento de subordinación al título que pertenece, y su relación mutua, a base de la posición y de la identificación que lleve en el bosquejo.

ORGANIZACION DEL MATERIAL

Para decidir cómo organizar el material, i. e., armonizar y presentar los temas que el bosquejo va a incluir, es necesario una cuidadosa evaluación preliminar del contenido probable de éstos:

1. El asunto que un bosquejo determinado vaya a enfocar puede girar en torno a elementos de tiempo que sean decisivos para la interpretación del material y para las conclusiones que se hagan del mismo. En tal caso, dicho bosquejo debe presentarse siguiendo un *plan cronológico*. Esto es, pueden tomarse como puntos de partida los períodos de desarrollo, los sucesos, las ideas, etc., en deliberada secuencia cronológica.

   Si se va a escribir, supongamos, sobre la Historia Constitucional de Puerto Rico, puede concebirse que una elaboración de este tema se puede conseguir a través de un enfoque cronológico. Siguiendo este enfoque, el plan de trabajo podría consistir en una identificación de las distintas leyes que ilustran la historia constitucional. Los nombres de estas leyes ocuparían el lugar de títulos de primer orden.

   Ejemplo de un Plan Cronológico:

   TEMA: HISTORIA CONSTITUCIONAL DE PUERTO RICO

   Títulos de primer orden:

   I. LA CARTA AUTONOMICA ANTES DE 1897

   II. LA LEY FORAKER DE 1900

   III. LA LEY JONES DE 1917

   IV. LA LEY DEL GOBERNADOR ELECTIVO (1947)

   V. LA LEY 600 (1950)

   VI. LA CONSTITUCION DE PUERTO RICO (1952)

   Se puede organizar el material bajo el plan cronológico sin necesidad de mencionar fechas, estableciendo la secuencia mediante el desarrollo de las ideas.

   Ejemplo:

   TEMA: HISTORIA CONSTITUCIONAL DE PUERTO RICO

   I. ACTITUD DEL GOBIERNO ESPAÑOL HACIA LA AUTONOMIA

   II. LOGROS BAJO EL REGIMEN ESPAÑOL

   La Carta Autonómica

III. ACTITUD DEL GOBIERNO AMERICANO HACIA LA AUTONOMIA

IV. LOGROS BAJO EL REGIMEN AMERICANO

A. Concesión de la legislatura

B. Concesión de un gobernador electivo

C. Concesión de la ley de constitución

D. El status del Estado Libre Asociado

Ambos bosquejos ordenan el material en secuencia cronológica, por el desarrollo de los acontecimientos. El primero le da importancia a las leyes de determinadas fechas; el otro le da importancia a los logros de las diversas épocas.

2. La otra forma de organizar el material es siguiendo un plan analítico; esto es, estableciendo las relaciones lógicas entre las diversas fases de un problema. Puede hacerse de lo general a lo particular (deductivo), o de lo particular a lo general (inductivo).

Si, por ejemplo, el investigador estima que los datos y la información pertinentes al problema pueden agruparse e identificarse bajo una serie de teorías o generalizaciones, las utilizará como puntos de partida. Dichos conceptos generales ocuparán los títulos de primer orden. Los subtemas de segundo orden, tercero y sucesivos constituirán los ejemplos y explicaciones conducentes a sostener los conceptos y teorías expuestos.

Ejemplo:

TEMA: LOS DERECHOS CIVILES GARANTIZADOS EN PUERTO RICO

I. EL DERECHO DE JUICIO RAPIDO

II. EL DERECHO DE JUICIO POR JURADO

III. EL DERECHO DE LIBERTAD DE PALABRA

Aquí todo lo concerniente a los derechos, no importa la época en que se formularon, será discutido bajo el derecho en particular. Lo importante no es el desarrollo cronológico, sino que quede bien explicado si están o no garantizados los derechos civiles en Puerto Rico.

En los estudios de casos (por ejemplo, casos médicos, legales, de trabajo social, administrativos, etc.), los datos pueden agruparse mejor bajo el enfoque analítico, partiendo de lo particular a lo general. Se define y analiza en detalle cada caso particular y a base de este análisis se llega a conclusiones generales.

Ejemplo:

TEMA: ACTITUD DE LOS ESTUDIANTES DE LA UNIVERSIDAD HACIA LAS PREFERENCIAS PARTIDISTAS DESDE EL PUNTO DE VISTA DE LOS PARTIDOS

I. ESTUDIANTES INDIFERENTES

II. ESTUDIANTES PIP

III. ESTUDIANTES PPD

IV. ESTUDIANTES PER

V. ESTUDIANTES DESVIACIONISTAS

En este caso se organizan los datos, siguiendo el enfoque analítico, de lo particular a lo general. Analizando los distintos tipos de estudiantes, se llega a una conclusión general sobre las tendencias partidistas de los estudiantes de la Universidad.

Hay temas de naturaleza demasiado amplia para ceñirse a un sólo tipo de bosquejo, la naturaleza de los datos demanda el uso alternado de los dos enfoques. Cada capítulo, por ejemplo, puede estar bosquejado desde un punto de organización distinto.

FORMATO DEL BOSQUEJO

Todo bosquejo contiene tres partes: introducción, cuerpo y conclusión. El término "cuerpo" nunca se usa en el bosquejo; pero sí los términos "introducción" y "conclusión". El término "introducción" puede ser reemplazado por palabras como "importancia" o "naturaleza", y el de "conclusión" por "resumen", "recomendaciones" o "implicaciones".

Las divisiones del bosquejo pueden expresarse en forma de frases, de oraciones o de párrafos. Debe comenzarse con un bosquejo preliminar, esbozado mediante frases cortas. Estas se irán alargando a medida que progrese la investigación y de acuerdo con las diversas interpretaciones que se hagan de los datos recogidos. Una vez que el investigador está en condiciones de comenzar a escribir, debe disponer de un bosquejo bien definido y elaborado, cuyos temas aparezcan ordenados con claridad. Las oraciones, por ser más reveladoras, son guías más efectivas. El uso de párrafos para plantear temas en un bosquejo es un procedimiento muy conveniente, si se desea reservar algunos tópicos para ser leídos luego o si se piensa trasladar esa información al trabajo escrito.

La organización de títulos y subtítulos se establece siguiendo la siguiente secuencia:

1. Los títulos principales van identificados por números romanos en mayúscula, en orden numérico consecutivo.

2. Los títulos de segundo orden se enumeran por medio de letras mayúsculas y se sangran a cinco espacios de los títulos principales.

3. Los títulos de tercer orden se enumeran por medio de números arábigos y se sangran a cinco espacios de los de segundo orden.

4. Los subtemas de cuarto orden se identifican por letras minúsculas sangradas a cinco espacios de los de tercer orden.

5. Cuando sea necesario seguir desmenuzando un tema, se alternan los números arábigos con letras minúsculas, utilizándose paréntesis para su distinción.

Ilustración:

I.
  A.
    1.
      a.
        (1)
        (2)
      b.
        (1)
    2.
  B.
    1.
    2.
II.

No es recomendable desmenuzar los temas más allá de títulos de cuarto orden. Solamente con relación a aquéllos de mucha extensión y complejidad debe llegarse hasta los títulos de quinto orden y sucesivos.

Cuando sólo hay un título de segundo orden, o subtítulo, no es necesario darle numeración.

Puntuación y uso de mayúsculas

1. El tema del bosquejo aparecerá escrito todo en letras mayúsculas, en la parte superior del papel, bien centrado.

2. Deberá aparecer un punto después del número o letra que identifique cada título, con excepción de aquéllos que aparecen escritos entre paréntesis.

3. Los títulos de primer orden se escriben todos en mayúsculas.

4. Para títulos de órdenes inferiores se escribe en mayúsculas la primera letra de la primera palabra y de los nombres propios, tanto en inglés como en español.

5. No se incluye punto final después de los temas, a menos que se utilicen oraciones o párrafos.

Luego de preparar el bosquejo, el investigador debe entregarlo a una persona que conozca la materia para que le critiquen su utilidad y claridad. Puede acompañarlo con una página de título que identifique claramente el mismo. (Vea ejemplo en la pág. 179.)

Con este instrumento de trabajo, comenzará a leer y a tomar notas

CAPÍTULO VI

TECNICAS DE LECTURA

Una vez preparados el bosquejo preliminar y las tarjetas de la bibliografía de trabajo, el investigador estará en condiciones de entrar de lleno en la faena de lectura. Debe de elegir un sitio adecuado que cuente con suficiente luz y ventilación.

¿Cómo seleccionar de entre las fuentes de lectura disponibles únicamente lo relevante al tema? ¿Qué orden de prioridad hay que establecer para las lecturas? ¿Cómo leer con el máximo rendimiento? Estos son problemas que a menudo confunden al investigador, por lo que vamos a discutirlos brevemente aquí.

Es de primordial importancia reconocer que la pretensión de leer cuanto se ha escrito sobre un tema, o todo lo que esté al alcance del investigador, es imposible y además innecesaria. Mientras más eficiente sea un lector tanto más estará al corriente de esto y, por consiguiente, mejor aprovechará sus recursos —consultando la referencia apropiada en el momento oportuno y con el límite de tiempo adecuado. El buen lector se caracteriza por su habilidad para ir a la médula de la materia impresa rápidamente y con la mayor precisión.

Las siguientes técnicas le ayudarán a establecer un orden efectivo de prioridades en sus lecturas y a seleccionar mejor lo relevante al tema:

1. Pueden leerse completas las obras escogidas, o pueden leerse por temas, de acuerdo con la formulación de éstos en el bosquejo. Si el tema es demasiado extenso y complicado, es más conveniente el segundo método, ya que en esta forma se obtendrá una orientación clara sobre cada tema, según se vaya leyendo. Por ejemplo, si se fuera a escribir un ensayo sobre los diversos sistemas de personal utilizados por las corporaciones públicas en Puerto Rico, sería conveniente leer, en las diversas fuentes, únicamente lo concerniente a uno de los aspectos (como por ejemplo, selección). Una vez terminada la lectura (y la preparación de notas) sobre el aspecto de la selección de los empleados se pasaría a leer todo lo referente a otra cuestión (como adiestramiento). Sólo así se puede ir formando un criterio claro sobre los distintos aspectos de un tema tan extenso.

   Si, por el contrario, el ensayo se fuera a escribir sobre el sistema de personal en una corporación (como la Universidad de Puerto Rico), se podría leer simultáneamente todo lo que una misma fuente provee sobre los distintos temas; tales como, selección, adiestramiento y clasificación de empleados.

2. Es preferible empezar con la lectura de obras generales sobre el tema y luego pasar a otras donde se discuten y se analizan en detalle los distintos aspectos que éste cubre.

3. Es conveniente consultar las tablas de contenido y los índices alfabéticos y de materias, pues guían directamente a los puntos que interesan.

4. También es útil examinar los títulos y subtítulos de las partes del libro, revista o documento antes de leer su contenido. Dan una idea general de cómo enfoca el autor el tema en particular e indican si dicha materia es o no aprovechable para su estudio.

5. Se recomienda dar un vistazo a las páginas antes de comenzar a leerlas detenidamente. Un lector competente puede, de esta manera, descubrir lo esencial de la materia impresa y pasar por alto descripciones innecesarias, repeticiones, redundancias, y toda la información ya conocida.

6. Es aconsejable estar siempre alerta sobre lo que busca en la lectura. Al leer no debemos olvidar la definición del tema y su bosquejo, para no perder de vista el objetivo y distinguirlo del que persigue el autor de la materia que se está leyendo. En el prólogo o introducción del libro se encuentra la tesis que el autor desea presentar. Cuando se está atento al objetivo, los datos saltan a la vista, por lo cual debe leerse esa sección cuidadosamente.

7. Deben distinguirse los términos claves usados por el autor y entenderse cabalmente su significado.

8. Es recomendable tomar notas según se va leyendo (si el material es muy difícil), con lo cual resulta más fácil conservar ordenadamente el producto de la lectura. Cuando se desea hacer un resumen, es preciso leer todo el material y señalar lo importante, anotando luego lo señalado [1].

9. Al leer, el estudiante debe distinguir entre el material donde se encuentran las ideas fundamentales y aquél que se ofrece como ejemplo, explicación o aclaración de estas ideas. Generalmente, lo esencial de la materia se encuentra en "oraciones temas". Estas oraciones sirven de guía en la lectura. Pueden encontrarse al comienzo, en el medio o al final de los párrafos.

Ejemplos de oraciones temas (se indican por *subrayado*):

> *La libertad de distribuir el gasto a través del tiempo significa, tanto la libertad de gastar en un momento determinado, como la libertad de abstenernos de gastar.* Para evitar confusiones terminológicas... diremos que está ahorrando quien tenga dinero en su bolsillo o en el banco pero que no lo está gastando por el momento. Es muy probable que si una persona acumula una suma considerable mediante tal ahorro, tenga la intención de invertirlo (como diría) más tarde. Pretenderá comprar con sus ahorros alguna cosa de la que espera sacar más ingresos... Todas éstas son diferentes formas de emplear el dinero ahorrado. Cuando éste se dedica por fin a alguna de las cosas señaladas ya no será, según nuestro terminología, dinero ahorrado (aunque en otros casos sería absurdo decir que los ahorros de una persona ya no están ahorrados cuando ha construido una casa con ellos). Incluso podríamos decir que realizar una inversión con dinero ahorrado es, de hecho, gastarlo (a pesar de las distinciones entre gastar e invertir, que se hacen con razón y que son útiles en otros contextos). *Así, pues, la libertad de distribuir el dinero a través del tiempo es equivalente a la libertad de elegir entre ahorro y no-*

---

1. Vea el capítulo: "Como se toman notas", *infra*, págs. 109-120.

ahorro, o entre ahorro y una u otra forma de gasto. Es, de hecho, la libertad de gastar "cuando se quiera" [1].

TECNICAS PARA MEJORAR LOS HABITOS DE LECTURA

Nos permitiríamos dar los siguientes consejos a un lector imaginario.

Propóngase mejorar sus hábitos de lectura. Primeramente verifique su capacidad para leer. Haga el siguiente experimento. Seleccione un libro sobre una materia que le interese. Busque una sección que no contenga ilustraciones, tablas o números. Lea silenciosamente durante tres minutos. Al terminar la lectura cuente el número de palabras leídas en ese lapso de tiempo. El lector medianamente rápido lee de 300 a 350 palabras por minuto. Si su promedio cae por debajo del promedio aquí señalado, no hay duda de que hay algo malo en sus hábitos de lectura. Decídase a corregir sus deficiencias. Trate de leer por frases u oraciones y no por palabras. La causa principal para la lentitud en la lectura está en dar movimientos muy cortos a los ojos. Trate de cubrir oraciones completas con el menor número de movimientos de la vista. No pronuncie las palabras ni permita que sus labios se muevan mientras lee. Trate de no volver atrás a lo que ya haya leído; acostúmbrese a mover la vista rápidamente, siempre hacia delante, sin ir y venir en la misma línea. La poca luz y la escasa ventilación obligan al lector a incurrir en movimientos que le distraen la vista de la lectura. Trate de corregir hasta donde sea posible esta situación.

Aplicando las sugerencias arriba mencionadas, relea varias veces trozos similares a los ya recomendados, midiendo su velocidad una y otra vez, hasta que note mayor rapidez.

La rapidez en la lectura está forzosamente subordinada a la capacidad de entender lo que se lee. El investigador debe poseer la destreza de resumir en sus propias palabras lo que ha leído, siendo siempre fiel a las ideas vertidas en el original. De no poder hacerlo así hay que corregir esa deficiencia inmediatamente. Un medio efectivo para conseguir un mejor nivel de comprensión es el de leer y resumir lo leído varias veces. Repita esa actividad con frecuencia. Empiece con material conocido y fácil de entender y vaya escogiendo lecturas más difíciles gradualmente.

Lea con una actitud crítica, esto es, aprenda a no aceptar todo lo que lee como una gran verdad. Procure distinguir los hechos de las opiniones vertidas por el autor. Para poder hacer un juicio crítico el lector debe: (1) entender perfectamente el problema o los problemas que presenta el autor, (2) ver qué problemas han sido resueltos y cuáles han quedado sin solución y (3) distinguir los datos de las opiniones expuestas por el autor.

Si usted cree que puede cubrir estas tres etapas al terminar la lectura, estará preparado para formar un juicio sobre lo que ha leído.

---

1. Bárbara Wooton, *Libertad con planificación* (México: 1946), págs. 86-87.

CAPÍTULO VII

COMO SE TOMAN NOTAS

Sea cual fuere el objetivo del estudio, el investigador no debe depender únicamente de su memoria para recordar la información obtenida. Es necesario tomar notas y saber anotarlas eficientemente para que cumplan sus dos propósitos primordiales: (1) delinear la trayectoria de pensamiento del disertante y (2) constituir la documentación principal para la disertación.

CONSIDERACIONES GENERALES PARA TOMAR NOTAS

Acostúmbrese a incluir en cada nota únicamente lo esencial. La primera reacción de un investigador falto de experiencia es copiar todo lo que lee, sin discriminar entre lo esencial y lo irrelevante, acumulando en forma atolondrada una masa incoherente de información. Su falta de discernimiento irremediablemente lo va a hundir en un mar de datos, muchos de los cuales son inaplicables al estudio, y otros tantos que constituyen meras repeticiones de datos anteriores. Esa forma irreflexiva de tomar notas resulta a la larga agotadora y hasta mina el entusiasmo del más perseverante. Lea y piense detenidamente sobre la validez y relevancia del material antes de empezar a tomar notas.

Una consideración que resulta de suma utilidad, en relación a la preparación de las tarjetas de notas, es la de determinar cuál es el momento más apropiado para comenzar a hacerlas. El estudiante economizará tiempo si lee primero la obra completa haciendo marcas en aquellos pasajes que le parezcan importantes y, luego de esta lectura general, transcribe a su tarjeta aquellas ideas que habrán de servirle para futura referencia. En esta forma, el estudiante tiene la oportunidad de encontrar, más adelante, un pasaje que se ajuste mejor a lo que él se propone. Además, con frecuencia puede observarse cómo una idea, que en el marco general del texto puede ser muy significativa, una vez aislada de éste, pierde todo o gran parte de su valor. Esto podría dar lugar a que, al considerarse tal idea fuera de su contexto, se elimine por completo o se desvirtúe totalmente su significado [1]

Anote las ideas que vayan surgiendo en su mente mientras lee; desarrolle el hábito de poner por escrito las criticas y los comentarios que su mente genere, tan pronto los conciba.

Las notas deben ser claras y legibles. Notas borrosas o que expresen ideas a medias o confusas obligarán al investigador a consumir tiempo y energías adicionales, descifrándolas luego al necesitarlas.

Al tomar notas existe siempre el peligro de cometer errores en el proceso de copiar o de interpretar. Es conveniente, por lo tanto, comprobar su fidelidad cotejándolas con el original antes de dar por terminado el proceso.

Al escribir las notas puede utilizar abreviaturas, símbolos y frases cortas que le permitan ahorrar tiempo y espacio, pero manteniendo en todo momento absoluta claridad de contenido.

---

1. EDMUND J. BAUMEISTER, *Método para la redacción de disertaciones y tesis universitarias* (Ponce, Puerto Rico: 1935), pág. 6.

Al terminar de usar una fuente de información debe proceder a clasificar y archivar las notas tomadas. La clasificación se efectúa a base de las ideas vertidas en cada nota, sin tomar en consideración el autor o el título de la fuente[1].

DIFERENTES TIPOS DE NOTAS

Existen diversos tipos de notas, a saber: de resumen, de comentario, de información general, de parafraseo y de citas directas. Cada tipo de nota rinde un propósito distinto:

1. *Las notas de resúmenes* presentan el material leído, condensado en palabras del investigador. Al resumir puede cambiarse el énfasis, puede limitarse el enfoque, puede eliminarse lo no esencial de la información y puede variarse la secuencia del material, pero no puede alterarse la veracidad de los hechos. Antes de resumir es necesario leer concienzudamente para evitar tergiversación de los hechos. Léase el material en su totalidad (por capítulos, artículos, ensayos, etc.) y marque suavemente aquellas secciones de más importancia para el resumen, para luego copiar lo esencial de ellas.

2. *Las notas de comentario* representan las ideas, críticas, interpretaciones o reacciones personales del investigador sobre lo que lee. En ellas el investigador trata de interpretar y analizar las ideas del otro autor. Estas notas constituirán, durante la redacción del trabajo, la base para las conclusiones y recomendaciones del estudio final.

3. *Las notas de información general* presentan datos e ideas sabidos de antemano por el investigador, y/o de diseminación lo suficientemente amplia como para presumir que son de conocimiento general.

4. *Las notas de paráfrasis* consisten en la exposición exacta de las ideas contenidas en determinadas secciones del material leído, expresadas en palabras y frases distintas. Al parafrasear, es recomendable hacerlo directamente de la versión original, para tener la seguridad de que no se vicia ni se altera su esencia.

5. *Las notas de cita directa* consisten en una reproducción exacta de las palabras de otro autor. Debe evitarse por todos los medios posibles el abuso de la cita directa. Se recomienda su uso únicamente si el pasaje: (1) es uno que describe tan bien la situación, que sería muy difícil reproducirlo con otras palabras con el mismo significado; (2) utiliza una forma tan peculiar para expresar una idea, que se hace muy difícil conservar su sentido si se altera; (3) está tan bellamente escrito, que conviene conservar su estilo; (4) expresa críticas y opiniones de un autor en particular; (5) no puede traducirse porque no existen vocablos en el otro idioma que expresen a cabalidad la idea vertida en el original.

   Al hacer notas de citas directas, la información debe copiarse con escrupulosa exactitud. Esto es, los datos (incluyendo los errores), la puntuación y el formato deben copiarse exactamente igual al original. Cuando se copian errores debe indicarse que el investigador está consciente de ello intercalándose la palabra *sic* (que quiere decir: textual), entre corchetes, después del error, pero sin alterar su significado. Por ejemplo: Mnaul [*sic*] de Estilo. Esa observación, naturalmente, también se incluirá en la obra

---

1. Vea la sección sobre clasificación y archivo de notas, *infra*, pág. 119.

final. Si la cita está escrita en un idioma distinto al del informe de investigación, debe traducirse (a menos que no existan vocablos adecuados); y las palabras usadas deben ser meticulosamente seleccionadas de manera que la traducción resulte exacta. Se usan las reglas de puntuación del idioma al que se traduce. La nota al calce debe indicar que la traducción y/o subrayado es labor del investigador. Vea ejemplo, pág. 141.

Si no se considera necesario citar el pasaje completo y se desea eliminar parte (siempre que no se altere el significado) se indica usando elipsis:

(1) colocando 3 puntos alternados con espacios en el sitio de la omisión, si la elipsis consiste de una o más palabras u oraciones.

(2) colocando una línea completa de puntos alternados con espacios, si la elipsis consta de uno o más párrafos.

(3) colocando 4 puntos alternados con espacios si la elipsis es en la terminación de una oración o de un párrafo (el cuarto punto representa el punto final de la oración).

Ejemplos de elipsis al comienzo, en medio y al final de una oración:

> . . . la negación del derecho a la neutralidad particular, ya sea a Gran Bretaña o a los dominios, no sólo implica una negación de la libertad nacional . . . sino que presupone necesariamente la existencia de una entidad estatal colectiva con carácter de persona internacional cuya voluntad contrasta la de cada uno de los miembros que constituyen el Imperio Británico. . . . [1]

Ejemplo de elipsis que consiste de uno o más párrafos:

> El soberano debe pagar únicamente por lo que toma y no por las oportunidades que el dueño pueda perder.
>
> ....
>
> La Enmienda Quinta concede al dueño solamente el valor razonable de la propiedad en el mercado; no le garantiza la ganancia que correspondería a su inversión [2].

Si se desea adicionar cualquier información al material citado, ésta debe distinguirse encerrándola entre corchetes.

En muchas ocasiones, cuando se saca una cita de su contexto, ésta pierde parte de su significación. Para evitar esto, es necesario intercalar alguna explicación. Por ejemplo, un pronombre personal que se separa de su antecedente pierde claridad. En estos casos debe añadirse una palabra o frase aclaratoria, dentro de corchetes.

Ejemplos:

> "Tal legislación [la de Australia] establece el *status* de ciudadanos de la Comunidad" [3].

---

1. Pedro Muñoz Amato, *et al.*, *La nueva constitución de Puerto Rico* (San Juan, P. R.: 1954), pág. 111.
2. *Ibid.*, pág. 178.
3. *Ibid.*, pág. 115.

"**Más tarde, sin embargo, el Tribunal Supremo [de los Estados Unidos] revocó el fallo anterior y decidió que la enmienda no tenía aplicación en Puerto Rico**"[1].

"**No se les considera [a los partidos políticos] como instituciones públicas**"[2].

Serie de citas en una misma fuente:

Si varios hechos, citados de las mismas fuentes, se presentan consecutivamente, es permisible citar la fuente una sola vez, al concluir el párrafo o una serie de párrafos, si la continuidad del pasaje es evidente. Si hay posibilidad de confusión de parte del lector, dé la cita al final de cada párrafo. Es aconsejable indicar en la nota inicial que los párrafos se relacionan con una misma autoridad.

DONDE TOMAR NOTAS

Las tarjetas o papeles que se usen para tomar notas deben ser manejables: ni tan grandes que se haga difícil clasificarlos y archivarlos, ni tan pequeños que carezcan de espacio suficiente para las anotaciones. El tamaño debe ser uniforme. Las tarjetas de 8" x 5" o papel de estas dimensiones (el papel de escribir a máquina, cortado por la mitad horizontalmente, da las medidas arriba sugeridas) proveen un tamaño conveniente. El papel aventaja las tarjetas en que ocupa menos espacio y es más fácil de llevar de un sitio a otro; las tarjetas, por otro lado, resisten mejor el constante manejo. El investigador debe decidir cuál de los dos tipos de material usar, a su mejor conveniencia, pero sin alternar papeles con tarjetas.

CONTENIDO Y FORMATO DE LAS NOTAS

Fuentes documentales

A continuación numeramos los datos que deben incluirse como parte de toda nota sobre fuentes documentales (libros, revistas, manuscritos, etc.) y la mejor forma de situarlos en las respectivas tarjetas.

Datos	*Posición en la tarjeta*
El nombre del autor (en forma abreviada) El título de la fuente de referencia (en forma abreviada) El volumen (si la obra tiene más de uno) y las páginas donde aparece la información	EN LA ESQUINA SUPERIOR IZQUIERDA
El tema principal que la nota cubre y el subtema especial al que ésta se aplica	EN LA ESQUINA SUPERIOR DERECHA

1. *Ibid.*, **pág. 187.**
2. *Ibid.*, **pág. 329.**

El tipo de nota. Entre corchetes indique si ésta es de información general, comentario, resumen, paráfrasis o cita directa.	SOBRE EL CUERPO DE LA NOTA, CENTRALIZADO
El cuerpo de la nota. Debe utilizarse una sola tarjeta o papel para cada idea. Si se necesita más espacio, se deben unir con una engrapadora las tarjetas que cubren una sola idea.	USE EL RESTO DE LA TARJETA. Si la información que se copia (particularmente citas directas) cambia de página, haga una indicación pertinente, intercalando corchetes entre las páginas afectadas [47/48].

Si se observan los modelos de tarjetas de notas dados a continuación como ejemplos, se notará que junto al margen inferior derecho de cada tarjeta aparece un número arábigo. Este corresponde a la secuencia numérica.

Resúmenes:

Payne
The Art of Asking Questions
Págs. 88-89

Investigaciones en el campo
La elaboración del cuestionario

[Resumen]

Para simplificarse el problema adicional que causan las contestaciones "múltiples" generadas por las preguntas múltiples de un cuestionario, el analista puede recomendar a sus entrevistadores el considerar sólo la primera selección.

5

Comentarios:

Payne	Investigaciones en el campo
The Art of Asking Questions	Elaboración del cuestionario
Pág. 16	

[Comentario]

Es cierto que muchas veces damos por sentado que el informante sabe todas las cosas que queremos averiguar y, como consecuencia de esto, no ponderamos las palabras usadas y caemos en el error de estructurar preguntas muy técnicas y difíciles para el lector. Por otro lado, el autor no menciona que puede darse el caso en que abordemos temas técnicos y complejos en los que el informante puede estar bien versado y que podemos incurrir en la grave falta de no querer utilizar los términos técnicos adecuados y como resultado estructuremos preguntas que no reflejan el sentido adecuado.

8

En una misma tarjeta pueden colocarse varios tipos de notas, desde luego, relacionadas con una misma idea. En tales casos cada nota debe identificarse debidamente, como en el ejemplo siguiente:

Finer ***Theory & Practice of Modern Govt.*** **Pág. 95**	**Separación de poderes** **Libertad y la planificación**

[Resumen]

Montesquieu presenta dos tesis:

(1) Que en el gobierno hay diferentes poderes.
(2) Para que haya libertad no debe haber concentración de poderes.

[Comentario nuestro]

La segunda tesis debería estar condicionada a la interpretación que los pueblos dan al concepto de libertad.

1

Paráfrasis:

Palabras del autor:

> La planificación, por ejemplo, es nada menos que la formulación del programa del gobierno para atender a las necesidades y los ideales de la sociedad.

Muñoz Amato	Planificación
Introd. a la adm. pub.	Definición
Pág. 31	

[Paráfrasis]

Para Muñoz Amato, planificar es el proceso por medio del cual se precisan los proyectos que el gobierno llevará a cabo con miras a conseguir el bienestar general.

3

Cita directa:

Hayek | **Consecuencias de la econ. Plan.**

Camino de la servidumbre

Pág. 103

[Cita Directa]

Cuando el poderío económico se centraliza como instrumento del poder político, crea un grado de dependencia que casi no puede distinguirse de la esclavitud.

2

Las notas de información general:

El margen superior izquierdo de la tarjeta de notas de información general queda en blanco ya que para estas notas no es necesario indicar ni el autor ni la fuente de referencia.

Ejemplo:

Corporaciones de Puerto Rico
Autoridad de Fuentes Fluviales
Objetivo

[Información General]

La Autoridad de las Fuentes Fluviales de Puerto Rico es responsable de los negocios eléctricos de la isla.

4

Las notas de fuentes personales:

Las fichas de notas de fuentes personales deben contener los siguientes datos:

Datos	*Su Posición en la Tarjeta*
El nombre del informante Puesto que ocupa Fecha en que se obtuvo la información	EN EL MARGEN SUPERIOR IZQUIERDO

El tema principal que la nota cubre **El subtema específico al que ésta aplica**	**EN EL MARGEN SUPERIOR DERECHO**
Forma en que se obtuvo la información, entre corchetes	**SOBRE EL CUERPO DE LA NOTA CENTRALIZADO**
El cuerpo de la nota	**EN EL RESTO DE LA TARJETA**

Ejemplo:

Sr. Juan Ruiz Vélez
Adm. Sist. Retiro A.F.F.
abril 4/57

Sistema de Retiro de la A. F. F.
Inversiones

[Entrevista personal]

Los dos edificios de oficinas construidos por el Sistema, uno en Santurce y el otro en Río Piedras, costaron alrededor de $2 1/4 millones.

5

CLASIFICACION Y ARCHIVO DE LAS NOTAS

Como apuntamos anteriormente, las notas se clasifican de acuerdo con las ideas vertidas en su contenido y con su aplicación a los diversos temas y subtemas del bosquejo. Se les da una clasificación tentativa tan pronto se obtienen de la fuente de información, agrupándose y archivándose inmediatamente por el tema que cubren[1]. Este proceso

1. Una caja de cartón debidamente recortada y ajustada a la medida de las tarjetas sirve el propósito de archivo.

mantiene al investigador al tanto de los diversos temas, en constante conocimiento de qué aspectos se están cubriendo adecuadamente y cuáles necesitan más documentación. Un recurso hábil para advertir con prontitud cómo progresa la investigación, *viz.*, si se ha descuidado algún tema, o si se ha dado demasiado énfasis a otros, consiste en identificar por medio de colores los distintos temas. Este efecto de colores puede conseguirse colocando una franja de papel engomado al borde superior de cada tarjeta, con un color distinto para cada tema.

Una vez que, a juicio del investigador, se haya dado la debida atención a cada uno de los temas propuestos en el bosquejo, se da por terminada la labor de investigación y se procede a la ordenación final de las notas como paso preliminar para la redacción del trabajo escrito. Para ello es menester hacer una evaluación final de cada nota a fin de determinar dónde va a encajar en la obra cada una de ellas. Las notas deben rendir plenamente su labor de guía y documentación durante todo el proceso de redacción. Por eso hay que darle una secuencia determinada permanente. Para asegurar esa secuencia, se recomienda numerar consecutivamente todas las tarjetas en su margen inferior derecho, en el orden ya determinado.

Con todas sus notas debidamente clasificadas y archivadas, el investigador estará listo para la labor de redacción. Una de las consideraciones esenciales en la labor de redacción es incluir en el estudio información que tiene que ir validada por notas al calce. El uso de éstas se discute en el capítulo siguiente.

Capítulo VIII

NOTAS AL CALCE[1]

DEFINICION Y PROPOSITOS

La nota al calce consiste de una advertencia, explicación, comentario, noticia o información de cualquier clase, que se coloca en un impreso o manuscrito, fuera del texto y por lo regular se suele poner en los márgenes[2]. Tiene cuatro propósitos fundamentales: "(1) presentar o establecer la validez de la evidencia; (2) reconocer a quién le estamos obligados; (3) ampliar la discusión fuera del plano que nos permite el texto, y (4) proveer contrarreferencias a varias partes del estudio"[3].

Cuando los datos que se ofrecen al lector no son de conocimiento general deben llevar una nota al calce donde se indique el sitio o sitios de dónde se tomó la información. En esta forma se da al lector la oportunidad de verificarlos y se establece la validez de la evidencia.

Al hacer uso de citas directas, o al parafrasear las ideas de otro autor, es necesario dar testimonio de ello o reconocimiento específico mediante una oportuna llamada y así reconocer a quién le estamos obligados.

Las discusiones técnicas y las definiciones, los comentarios adicionales y las opiniones contrarias o iguales a las que se citan, etc., dirigidas a ampliar la discusión fuera del plano que permite el texto, deben por lo general incluirse en notas al calce. Así no se recarga demasiado el cuerpo de la obra con referencias y ejemplos y no se interrumpe la idea central, desviando el interés del lector.

Frecuentemente el autor desea llamarle la atención al lector sobre materias que se discuten en otras partes del trabajo. Para facilitar estas referencias, deben utilizarse notas al calce.

REQUISITOS GENERALES DE FORMA

Las notas al calce deben redactarse con los siguientes requisitos generales de forma: 1) deben ser claras y exactas; 2) deben ser consistentes en su forma, en todo el trabajo; y 3) deben excluir toda repetición de datos. Para cumplir con estos requisitos se tendrán en cuenta las siguientes reglas:

En el texto de la obra:

1. Para identificar la llamada se utilizan números arábigos, excepto cuando éstas se usan como referencias a tablas, en cuyos casos se hará uso de letras minúsculas (a, b, c, etc.) o símbolos, tales como asteriscos (*), flechas (+) o dobles flechas (= =), en este mismo orden.

---

1. También se conocen como escolios, notas marginales y llamadas.
2. *Diccionario enciclopédico abreviado* (Buenos Aires: 1945), IV, 998.
3. Arthur H. Cole y Carl W. Bigelow, *A Manual of Thesis Writing for Graduates and Undergraduates* (Nueva York: 1934), pág. 35. Los propósitos aquí numerados fueron traducidos por el Departamento de Trabajo Social de la Universidad de Puerto Rico. "Direcciones y recomendaciones para la preparación de tesis" (San Juan, P. R.: 1944), pág. 14.

2. El número que identifica la llamada debe aparecer (sin espacio) inmediatamente después que se termina de precisar la idea expresada en la porción del texto relacionado con la nota. Si la idea termina al finalizar la oración, el número de la llamada debe colocarse antes del último signo de puntuación.

3. El número debe intercalarse medio espacio sobre la línea que ocupa el texto. No lleva signo alguno de puntuación.

Los ejemplos que se citan a continuación (tomados del libro de Pedro Muñoz Amato, *Introducción a la administración pública*, págs. 31, 71, 73, 74 y 201, respectivamente), ilustran dónde se colocan los números que identifican las notas al calce en distintos tipos de oraciones, citas directas, parafraseo, uno o más autores, etc.

Al final de una cita directa:

"Si hay alguna 'teoría' implícita, ésta es la de la formulación de decisiones en el corazón de las actividades administrativas" [1].

Al final de una paráfrasis:

Para Muñoz Amato, planificar es el proceso por medio del cual se precisan los proyectos que el gobierno llevará a cabo con miras a conseguir el bienestar general [1].

Al final de un resumen:

El Comité de Cuentas Públicas de la Cámara de los Comunes creado en 1861, es el órgano legislativo ante el cual es responsable el Contralor y Auditor General, jefe del Departamento en Auditoría, que fue establecido en 1866. Este funcionario es nombrado por la Corona y ocupa su cargo mientras la conducta es buena [1].

Al finalizar la mención de un autor o de varios autores:

Las obras de Carl J. Friedrich [1], Herman Finer [2], Marshall E. Dimock [3], y Harold J. Laski [4] constituyen algunos ejemplos de una escuela en la que se trata de armonizar la ciencia y la filosofía política con la administración pública.

Al finalizar la mención de un libro:

Tómese como ejemplo el libro de Simon sobre los procesos de formular decisiones titulado *Administrative Behavior* [1], y el escrito por este mismo autor con Donald W. Smithburg y Victor A. Thompson, *Public Administration* [2].

4. La numeración de las notas puede seguir una de varias secuencias: 1) consecutiva e individualmente por páginas, iniciándose la numeración con el número uno en cada página; 2) consecutivamente, por capítulos, comenzando con la nota número uno al principio de cada capítulo; 3) consecutivamente, a través de todo el trabajo.

5. Una vez adoptado uno de los sistemas mencionados en el párrafo anterior, es necesario hacer uso del mismo en todo el trabajo.

En las notas al calce:

Hay varios modos de agrupar las notas al calce, que deben estar relacionados con el método usado para la numeración en el texto de la obra. Algunos autores las agrupan al finalizar cada capítulo; otros, los menos, las agrupan al finalizar la obra. La mayoría de los autores las colocan a la terminación de cada página. Este último sistema es más útil y práctico porque le permite al lector el uso de las notas con más aprovechamiento y efectividad. A continuación ofrecemos varias reglas recomendables, si se hace uso del sistema de colocar las notas al pie de cada página:

1. Para mayor claridad, la nota al calce debe ir separada del texto por una línea trazada un espacio después de la última oración del cuerpo, y que correrá del margen izquierdo al margen derecho de la página.

2. El número que identifica la nota se escribirá un espacio debajo de la línea que divide la nota del texto, sangrado a ocho espacios del margen izquierdo del papel.

3. Las notas que corresponden a tablas o gráficas deben aparecer al final de la respectiva tabla o gráfica. Deben empezarse a ocho espacios de su margen izquierdo, y no deben exceder del ancho de ésta.

4. El texto de la nota se empieza a escribir inmediatamente después del número y a medio espacio hacia abajo de éste. No debe dejarse espacio horizontal entre el número que identifica la nota y la primera palabra de la misma.

5. La segunda línea de una nota empieza junto al margen izquierdo de la página, a espacio sencillo.

6. Cuando sea necesario continuar la nota en la página siguiente de la obra, la continuación comenzará debajo de la línea que separa el texto de la nota en la siguiente página, sin sangrar párrafo, y sin identificar la misma con número alguno.

7. Evítese repetir, como parte de la nota, datos ya incluidos en el texto de la obra o en otra nota anterior.

8. Las notas terminan siempre con un punto.

9. Debe aparecer en una página el mismo número de notas que el identificado en el texto. Por ejemplo, si hay tres notas en el texto tienen necesariamente que aparecer tres notas al pie de la página.

10. Se dejan dos espacios entre una nota y otra.

ORDEN Y CONTENIDO DE LAS NOTAS AL CALCE

Las notas varían en cuanto a su contenido y puntuación, dependiendo del tipo de nota. Si la llamada ofrece al lector datos bibliográficos sobre obras citadas o aludidas en el texto, o recomendadas por el autor para lectura adicional, se siguen normas uniformes para la ordenación y puntuación de dichos datos.

Como la nota al calce pretende aclarar el contenido del texto, la información que se ofrece debe aparecer, hasta donde sea posible, en el idioma en que se escribe el texto. Como no deben traducirse los nombres propios, el autor del escrito debe ampliar la nota hasta donde sea necesario para obtener la mayor claridad. Vea ejemplos en las páginas 131-133.

Cuando las obras se citen por vez primera, se recomiendan las siguientes reglas:

LIBROS POR AUTOR

Si el libro tiene un autor (o editor, traductor, compilador, institución responsable), el nombre de éste precede al título del libro. A continuación, y separado por una coma, le sigue el título. Los datos de publicación se incluyen entre paréntesis, seguidos por la página de referencia separada por una coma.

Ejemplo:

[1] Pedro Muñoz Amato, *La nueva constitución de Puerto Rico* (San Juan, P. R.: 1954), pág. 12.

El autor

Se menciona el nombre completo del autor del libro, pero si el mismo ha sido mencionado en el texto, cerca de la cita directa o de la referencia que se hace de su obra, se omite en la nota. Si se menciona en el texto únicamente el apellido del autor, debe incluirse en la nota su nombre completo.

Un autor

Comenzando con el nombre propio, mencione el nombre completo del autor del libro, seguido por una coma.

Ejemplo:

[1] Adolfo de Hostos,

Dos autores

Comenzando con los nombres propios mencione los nombres completos de los dos autores, en el orden en que se mencionan en la página del título del libro, unidos por la conjunción "y".

Ejemplo:

[1] Raúl Serrano Geyls y Roberto Rexach Benítez,

Tres autores

Comenzando con los nombres propios, se mencionan los nombres completos de los tres, en el orden en que aparecen en la página del título del libro, separando por una coma los dos primeros y usando la conjunción "y" entre el segundo y el tercero.

Ejemplo:

[1] Segundo Ruiz Belvis, José Julián Acosta y Francisco M. Quiñones,

Cuatro o más autores

Comenzando con el nombre propio, se menciona únicamente el nombre completo del primero de los autores mencionados en la página del título del libro, y se agrega, entre comas, la frase *et al.* (Suele usarse también la frase "y otros".)

Ejemplo:

[1] Pedro Muñoz Amato, *et al.*,

Traductor

Mencione el nombre completo del traductor, y agregue la palabra traductor, entre comas,

Ejemplo:

[1] Vicente Herrero, traductor,

Editor o compilador

Comenzando con el nombre propio, mencione el nombre completo del editor o compilador y agregue la designación que le corresponde, entre comas.

Ejemplo:

[1] Félix Fano, compilador,
[2] Manuel Fernández Juncos, editor,

Autor con seudónimo

Mencione el seudónimo, en su orden natural, y agregue la palabra seudónimo, entre comas.

Ejemplo:

[1] Clara Lair, seudónimo,

Institución privada como autor

Mencione el nombre de la institución en su orden natural, seguido por una coma. No traduzca el nombre; debe usarlo como aparece en la página de título del libro.

Ejemplo:

[1] Asociación de Maestros de Puerto Rico,
[2] American Society for Public Administration,

El título del libro

Incluya el mismo tal y como aparece en la página del título del libro. Agregue los datos explicativos[1], si los tiene, separados por una coma. En cuanto al uso de mayúsculas en los títulos de los libros, siga las reglas discutidas en el capítulo de bibliografía, *supra*, págs. 59-97. Si en el texto del estudio se menciona el título, no lo repita en la nota. Los títulos de los libros nunca se traducen.

Los datos de publicación

Si la disertación tiene bibliografía, el lugar de publicación y la fecha son los únicos datos de publicación a incluir en las notas. Estos se insertan entre paréntesis. Si la disertación no tiene bibliografía, se incluyen en las notas todos los datos de publicación entre paréntesis (edición, lugar, casa publicadora y año). Para uno u otro caso, utilice las reglas discutidas en la sección de datos de publicación, *supra*, págs. 67-69.

Ejemplos:

(Nueva York: 1954),
(2da ed.; México: Fondo de Cultura, 1954),

Las páginas de referencia

Mencione el número del volumen utilizado (si la obra tiene más de uno) y la sección, capítulo y/o parte o páginas específicas que utilizó. Esta sección se separa del resto de la nota por una coma. Cuando el libro tiene más de un volumen se incluye el número del volumen utilizado, precediendo las páginas, en número romano en mayúsculas, y separados por una coma.

---

1. Vea la definición de datos explicativos en la página 66.

Ejemplo:

[1] Adolfo de Hostos, *Tesauro de datos históricos* (San Juan, P. R.: 1948), I, 12-15.

(Se utilizó el Volumen I, págs. 12-15.)

Vea el capítulo de Bibliografía, *supra*, págs. 59-97, donde se indica cómo incluir información sobre una obra de varios volúmenes en la bibliografía. Si el estudio no tiene bibliografía, incluya en la nota al calce los datos tal y como se discuten en el capítulo mencionado.

LIBROS POR TITULO

Libros anónimos, obras mejor conocidas por su título, obras cuyos autores no pueden identificarse con certeza, y la Biblia, se incluye por su título. Siga las siguiente reglas para:

Enciclopedias:

Indique el autor, el artículo y el nombre de la enciclopedia. Incluya el año de publicación, el número y las páginas que corresponden al volumen utilizado.

Utilice la puntuación del ejemplo:

[1] "Víctor Hugo", *Enciclopedia universal ilustrada* (1925), XXVIII, 613.

(Se cita de la página 613, del artículo sobre Víctor Hugo que aparece en el Volumen 28 de la Enciclopedia. El mismo no tiene autor en particular.)

Indices, bibliografías, manuales, diccionarios y atlas:

Incluya el título de la obra, lugar de publicación y año, y la página exacta de la referencia.

Ejemplos:

[1] *Bibliografía puertorriqueña,* 1931-1945 (San Juan, P. R.: 1947), pág. 620.

[2] *Quién es quién en Puerto Rico* (San Juan, P. R.: 1933), I, 215.

(Se utilizó el Volumen I, página 215.)

Obra anónima (obras cuyos autores no pueden identificarse):

Incluya el título, la palabra anónimo, el sitio y año de publicación y la página utilizada.

Ejemplo:

[1] *La vida de Lazarillo de Tormes y de sus fortunas y adversidades,* anónimo (Madrid: 1914), pág. 215.

La Biblia:

Incluya sólo el nombre del libro de la Biblia al que se hace referencia, acompañada de los números del capítulo y el versículo, separados éstos por dos puntos:

Ejemplo:

[1] *La Biblia, Eclesiastés* 6:9.

(Para Capítulo 6, versículo 9.)

REVISTAS

Revistas generales

Incluya el nombre del autor del artículo (si éste está firmado); a continuación, separado por una coma y entre comillas, el título del artículo. Mencione luego el nombre de la revista, subrayado, el año del volumen utilizado (entre paréntesis) y la página de referencia. Si la revista se identifica por algo más que el volumen (como número), utilice las palabras volumen y página, antes de identificar los mismos. Los volúmenes se identifican con números romanos en mayúsculas, y los números y las páginas con números arábigos.

Ejemplos:

[1] Jaime Benítez, "Palabras a la clase graduanda", *La Torre* (1945), III, 12.

(Para Volumen III, pág. 12.)

[2] *Revista de Administración Pública* (1954), Vol. I, Núm. 1, pág. 8.

(No se menciona el autor ni el artículo, si aparecen citados en el texto.)

Siga las reglas para el uso de mayúsculas discutidas en la sección de revistas, en el capítulo de Bibliografía, *supra*, pág. 59-97.

Revistas legales

Incluya el autor, separado del nombre del artículo por una coma. El nombre del artículo se incluye entre comillas. A continuación, y separado por una coma, mencione el volumen de la revista utilizado (en número arábigo), el nombre de la revista (abreviado y subrayado o en itálicas) y las páginas. El año de la revista se incluye al final, entre paréntesis.

Ejemplo:

[1] Pedro Muñoz Amato, "La regla de la prueba de referencia y sus excepciones", 13 *Rev. Jur. U.P.R.* 75 (1943).

PERIODICOS

Incluya el nombre del autor y el título del artículo (entre comillas y separado del nombre del periódico por una coma). Si el estudio no tiene bibliografía, identifique de dónde procede el periódico, indicando la ciudad (entre paréntesis) después del nombre del periódico, en aquellos casos que el nombre del periódico no lo mencione. La primera letra de cada palabra del nombre del periódico va en mayúsculas. Dé la referencia exacta de página, edición y columna.

Ejemplos:

[1] Julián Marías, "Elogio de una universidad", *El Mundo,* 2 de noviembre de 1957, primera edición, pág. 25, col. 2.

(Si el estudio tiene bibliografía.)

[2] Julián Marías, "Elogio de una universidad", *El Mundo* (San Juan, P. R.), 2 de noviembre de 1957, primera edición, pág. 25, col. 2.

(Si el estudio no tiene bibliografía.)

FUENTES INEDITAS

Incluya el autor, el nombre de la obra entre comillas, la identificación de la misma, el año y la página de referencia.

Ejemplo:

[1] Vicente Meléndez Cruz, "La supervisión de los empleados gubernamentales", tesis sometida para el grado de Maestro en Artes en la Escuela de Administración Pública de la Universidad de Puerto Rico (1950), pág. 25.

En fuentes inéditas utilice mayúsculas en el título de acuerdo con las reglas de puntuación discutidas en la sección de libros, *supra;* pág. 66.

FUENTES PERSONALES

La información que se obtiene de fuentes personales (entrevistas) debe validarse indicando, en una nota al calce, la persona que proveyó los datos, su posición oficial o su identificación y la fecha de la entrevista. En casos de empleados (de empresas públicas o privadas), debe indicarse la posición que ocupaba el empleado en el momento de rendir la información.

Ejemplos:

[1]Entrevista personal con el Sr. Hiram Cancio, Decano de Admitración de la Universidad de Puerto Rico, celebrada el día 3 de noviembre de 1957.

[2]Entrevista con el Sr. José Santiago, dueño de una de las tiendas de la Plaza de Mercados de Río Piedras, celebrada el día 2 de febrero de 1956.

No es necesario indicar el asunto, pues éste se ha mencionado en el texto del estudio, lo que hizo necesario incluir la nota al calce.

HOJAS SUELTAS

La información obtenida mediante hojas sueltas debe indicarse en la forma ilustrada en los siguientes ejemplos:

[1]Véase en el Apéndice A la hoja suelta distribuida entre los estudiantes de la Universidad de Puerto Rico el día 12 de septiembre de 1957, firmada por Jesús Hernández y Adelaida Ibáñez, titulada "La juventud progresista logra entrevista con Gobernador sobre baja en pasaje de guaguas".

[2]Hoja suelta firmada por Jesús Hernández y Adelaida Ibáñez, titulada "La juventud progresista logra entrevista con Gobernador sobre baja en guaguas". Esta hoja suelta fue distribuida en la Universidad de Puerto Rico el 12 de septiembre de 1957.

DOCUMENTOS GUBERNAMENTALES

No puede adoptarse una sola regla que se ajuste a todos los documentos gubernamentales que sea necesario citar en notas al calce. Debe incluirse toda la información necesaria para identificar los documentos (esto varía de acuerdo con el tipo de documento, como se indica en los ejemplos a continuación) y debe indicarse claramente su procedencia. Todas las notas al calce sobre un mismo tipo de documento deben tener los mismos datos y la misma puntuación. Los ejemplos a continuación incluyen diversos tipos de documentos para la rama ejecutiva, la rama legislativa y la rama judicial, e indican la forma de hacer uso de ellos en notas al calce.

DOCUMENTOS DE LA RAMA EJECUTIVA

Estados Unidos

Informes anuales

En los informes anuales se indica el lugar donde está localizada la agencia, no el lugar donde está localizada la casa publicadora.

[1] Informe anual del Secretario de Agricultura para el año 1957 (Washington, D. C.: 1958), pág. 24.

ó

[1]*Report of the Secretary of Agriculture, 1957* (Washington, D. C.: 1958), pág. 24.

Informes especiales

[1]*Final Report to the Congress*, Commission on Organization of the Executive Branch of the Government (Washington, D. C.: 1955). pág. 12.

ó

[1]*Final Report to the Congress* (Washington, D. C.: 1955), pág. 12. Este fue un informe preparado por una comisión de organización de la rama ejecutiva del gobierno de los Estados Unidos.

Proclamas, órdenes ejecutivas, reglamentos, etc., publicados en el Federal Register

[1]*Off Alien Prop., Vesting Order No. 13843,* 14 Fed. Reg. 6190 (1949).

(Volumen 14, *Federal Register,* pág. 6190.)

[2]*Armed Forces Day,* proclama número 3172 del Presidente de los Estados Unidos emitida el 7 de marzo de 1957, 22 Fed. Reg. 1427 (1957).

(Vol. 22, *Federal Register,* pág. 1427.)

Discursos, debates, etc. (publicados)

[1]John Foster Dulles, el Secretario de Estado de los Estados Unidos, pronunció un discurso sobre los principios de la política extranjera el día 11 de abril de 1955, en la asamblea anual del alumnado jesuita, donde explica los conceptos discutidos anteriormente. Vea especialmente la página 22.
Principles in Foreign Policy, publicación del Departamento de Estado Núm. 5874.

Sentencias de agencias administrativas

[1]La Interstate Commerce Commission decidió un caso similar al aquí discutido. Vea *Service Pipe Line Co.* v. *Chicago B. & Q. R. Co.*, 296 Interstate Commerce Commission Reports 411-417 (1955).

(*Interstate Commerce Commission Reports,* págs. 411-417.)

Puerto Rico

Informes anuales

[1]*Informe anual de la Autoridad de las Fuentes Fluviales de Puerto Rico, año económico 1951-52* (San Juan, P. R.: 1952), pág. 17.

(Se indica el título del documento, el lugar donde está localizada la agencia —no el lugar donde está localizada la casa publicadora— y el año de publicación. La cita exacta es a la página utilizada para la referencia que se ofrece en el texto del estudio.)

Informes especiales

[1]*Informe sobre la reorganización de la rama ejecutiva del gobierno de Puerto Rico,* presentado al Gobernador de Puerto Rico en 1949, por la Comisión de Reorganización nombrada para llevar a cabo dicho estudio. Véase la página 10 donde se mencionan los poderes del gobernador.

[2]*The Place of Planning in Society*, por Rexford G. Tugwell (San Juan, P. R.: 1943), pág. 75. Este trabajo se identifica como el "Technical Paper No. 7" de la Junta de Planificación de Puerto Rico.

Decretos individuales de agencias, publicados por éstas

[1]Los salarios mínimos para los trabajadores provisionales de la industria cafetalera de Puerto Rico están fijados por el *Decreto mandatorio Núm. 19*, emitido en 1950 por la Junta de Salario Mínimo de Puerto Rico, (San Juan, P. R.: 1950).

Proclamas, órdenes ejecutivas, reglamentos, etc., publicados en Reglas y Reglamentos de Puerto Rico

[1]*Reglamento creando la Junta de Subastas*, 4 R. y R.P.R. 907-914.

(Título 4, Reglas y Reglamentos de Puerto Rico, secs. 907-914.)

Discursos, debates, etc. (publicados)

[1]El discurso pronunciado por el Gobernador de Puerto Rico el día conmemorativo del Estado Libre Asociado de Puerto Rico puntualiza el gran valor que tiene la ciudadanía de los Estados Unidos para la población puertorriqueña. Vea Luis Muñoz Marín, *El hondo significado de la ciudadanía de los Estados Unidos* (San Juan, P. R.: 1956), págs. 1-16.

[2]Luis Muñoz Marín, *El hondo significado de la ciudadanía de los Estados Unidos* (San Juan, P. R.: 1956), pág. 12.

Sentencias de agencias administrativas

[1]El caso fue resuelto por la Comisión Industrial de Puerto Rico en 1948. Vea el texto de la decisión en 4 *Decisiones de la Comisión Industrial de Puerto Rico* 125-127 (1948).

[2]El caso resuelto por la Comisión Industrial de Puerto Rico que prueba estas afirmaciones es *Gregorio Estrada* v. *Fondo de Seguro del Estado*, 4 Decisiones de la Comisión Industrial de Puerto Rico 125-127 (1948).

DOCUMENTOS DE LA RAMA LEGISLATIVA

Estados Unidos

Constitución

[1]*Constitution of the United States*, Art. V.

Actas (Journals)

[1]8 *H. Jour.*, Cong. 12, 1ra sesión, 217 (1812).

(Para los primeros 13 congresos.)

[2]*H. Jour.*, Cong. 78, 2da sesión (1944), pág. 291.

(Para los congresos posteriores.)

Proyectos de Ley (Bills)

[1]*H. R. 70,* Cong. 81, 1ra sesión (1949).

Vistas ante las Comisiones (Congressional Committee Hearings)

[1]*Vistas ante un comité del Senado sobre H. R. 5327* (Import Duty on Virgin Copper), Cong. 81, 1ra sesión (1949), pág. 56.

ó

[1]*Hearings before Senate Committee on H. R.* 5327 (Import Duty on Virgin Copper), Cong. 81, 1ra sesión (1949), pág. 56.

Informes de Comisiones (Senate and House Reports)

[1]*H. Rept. Núm. 19,* Cong. 81, 1ra sesión (1949), pág. 3.

Debates, informes, mensajes, discursos, etc., ante las Cámaras incluidas en el diario de sesiones (Congressional Record)

[1]El presentante O'Hara, de Illinois, discutió ante la Cámara el proyecto sobre los derechos civiles. 92 *Cong. Rec.* 10095 (1956).

(Edición encuadernada del *Congressional Record,* Vol. 92, pág. 10095, año 1956.)

[2]94 *Cong. Rec.* 9917 (4 de agosto de 1948).

(Edición diaria, Vol. 94, pág. 9917.)

Documentos misceláneos publicados por las cámaras (House and Senate Documents)

[1]*H. R. Doc.* Núm. 62, Cong. 80, 1ra sesión, pág. 13 (1946).

Leyes Sueltas (Slip Laws)

[1]*Pub. L. Núm. 101,* Cong. 80, 1ra sesión (23 de junio de 1947).

Leyes encuadernadas

[1]*Laws of New York, 1944,* Capítulo 126, pág. 433.

[2]*Pub. L. Núm. 433,* 63 Stat. 985 (1949).

(Ley Núm. 433, Vol. 63, *United States Statutes at Large,* pág. 985.)

Leyes anotadas

[1]46 *F. C. A.* 974.

(Título 46, *Federal Code Annotated,* sección 974.)

[2]29 *U.S.C.A.* 36.

(Título 29, *United States Code Annotated,* sección 36.)

Puerto Rico

Constitución

[1]Vea la *Constitución de Puerto Rico,* Art. I.

[2]Art. V.

(Si la Constitución se ha mencionado en el texto y la referencia es a ese artículo en particular.)

Actas del Senado o de la Cámara en Puerto Rico

[1]Las declaraciones del señor Hernaiz en torno al *P. de la C. Núm. 217* explican el alcance de esta afirmación. Actas de la Cámara, 20 de marzo de 1919, pág. 204.

[3]*Actas de la Cámara,* 20 de marzo de 1919, pág. 204.

Proyectos de ley

[1]1ra impresión, *P. de la C. Núm. 145* (23 de junio de 1957).

[2]Reimpresión, *P. de la C. Núm. 145* (28 de junio de 1957).

Vistas ante las comisiones legislativas

[1]Declaración del señor Jorge C. González Giusti, vicepresidente ejecutivo de la Caparra Dairy, ante las vistas públicas celebradas el primero de mayo de 1956, por la Comisión Especial de la Legislatura de Puerto Rico sobre la industria de la leche. *Vista ante el Senado,* Rollo Núm. 1, págs. 1-6.

Debates, informes, mensajes, discursos, etc., ante las cámaras, que aparecen en el Diario de Sesiones

[1]Informe de la Comisión Especial sobre Reglamento, 1 *Diario de Sesiones* 12 (21 de septiembre de 1957).

(Volumen número 1, *Diario de Sesiones,* pág. 12.)

[2]El Presupuesto Modelo para el año 1957 fue sometido por el Gobernador de Puerto Rico en enero de 1956, 8 *Diario de Sesiones* 3 (9 de enero de 1956).

[3]El tema está discutido en el comunicado de la Junta de Planificación de Puerto Rico sometiendo el Programa Económico de Seis Años a la Asamblea Legislativa, 9 *Diario de Sesiones* 21 (14 de enero de 1957).

[4]Vea el texto completo de la orden ejecutiva del Gobernador de Puerto Rico sobre el Instituto de Cultura de Puerto Rico, 9 *Diario de Sesiones* 20 (14 de enero de 1957).

Leyes sueltas

[1]*La Ley Núm. 17* de 12 de abril de 1948 fue aprobada por la Asamblea Legislativa de Puerto Rico en la sesión ordinaria que terminó hace dos semanas. No hemos podido estudiar con detenimiento la misma, pero indicamos su aprobación para que el lector se dé cuenta cómo el problema que discutimos ya ha sido resuelto por la acción legislativa.

Leyes encuadernadas

[1]*Ley Núm. 104,* Leyes de Puerto Rico, 1955, pág. 551.

[2]27 *P.R.L.A.* 190.

(Título 27, *Puerto Rico Laws Annotated,* sección 190.)

[3]23 *L.P.R.A.* 19.

(Título 23, *Leyes de Puerto Rico Anotadas,* sección 19.)

[4]La ley de 12 de marzo de 1903 provee mejoras permanentes en la Estación Experimental Agrícola de los Estados Unidos en Puerto Rico. *Leyes de Puerto Rico, 1903,* págs. 1-2.

(En caso de que la ley no estuviera identificada por números en el volumen de ley.)

Documentos misceláneos publicados por las cámaras

[1]*El Capitolio Estatal,* por Néstor Rigual, Secretario de la Cámara de Representantes de Puerto Rico (San Juan, P. R.: 1954), pág. 1.

DOCUMENTOS DE LA RAMA JUDICIAL

Sentencias de las Cortes Federales, Estados Unidos

Tribunal Supremo

Sentencias del Tribunal Supremo federal, publicadas en *United States Supreme Court Reports,* publicación oficial del gobierno:

[1]*United States* v. *Baldi,* 344 U. S. 561 (1953).

(Caso que aparece en el Volumen 344 del *United States Supreme Court Reports,* página 561, decidido en 1953.)

Sentencias del Tribunal Supremo federal, publicadas en el *Supreme Court Reporter* y el *Supreme Court Reporter, Lawyers' Edition*, publicaciones de agencias privadas, que incluyen el texto de las decisiones, con anotaciones:

[1]*United States* v. *Baldi,* 73 S. Ct. 391 (1953).

(Caso que aparece en el Volumen 73, *Supreme Court Reporter,* página 391, decidido en 1953.)

[2]*United States* v. *Baldi,* 97 L. Ed. 549 (1953).

(Caso que aparece en el Volumen 97, *Supreme Court Reports, Lawyers' Edition,* página 549, decidido en 1953.)

Cortes federales inferiores al Tribunal Supremo

Sentencias de las cortes federales, inferiores al Tribunal Supremo, publicadas en el *Federal Supplement* (para las decisiones de las cortes de distrito) y en el *Federal Reporter* (para las decisiones de las cortes de circuito y las cortes de circuito de apelación), publicaciones privadas, que son parte del *National Reporter Systems:*

[1]*Romano* v. *U. S.,* 90 F. Supp. 15 (1950).

(Caso que aparece en el Volumen 90, *Federal Supplement,* página 15, decidido en 1950.)

[2]*In re Klein,* 281 F. 317 (1922).

(Caso que aparece en el Volumen 281, *Federal Reporter,* página 317, decidido en 1922.)

[3]*Mora* v. *Mejias,* 206 F. 2d 377 (1953).

(Caso que aparece en el Volumen 206, *Federal Reporter, Second Series,* página 377, decidido en 1953.)

Sentencias de las cortes federales, inferiores al Tribunal Supremo, que incluyen casos decididos en el siglo 19, publicadas en *Federal Cases*, publicación no oficial:

[1]24 *Fed. Cases* 784, No. 14,141 (1873).

(Caso Núm. 14,141 que aparece en el Volumen 24, *Federal Cases,* pág. 784, decidido en 1873.)

Sentencias de las Cortes Estatales, Estados Unidos

Sentencias de las cortes de más alta jurisdicción en los estados, publicadas por cada estado en volúmenes individuales, por año:

[1]*Griffin* v. *Wilcox*, 21 Indiana Report 370 (1863).

(Caso que aparece en el Volumen 21, *Indiana Reports*, página 370, decidido en 1863.)

Sentencias de las cortes de más alta jurisdicción en los estados, publicadas en el *National Reporter System* (publicación de una institución privada que divide los estados en regiones geográficas y agrupa las decisiones de estos estados por regiones):

[1]*Wood* v. *State*, 192 Atl. 257 (1934).

(Caso que aparece en el Volumen 192, *Atlantic Reporter*, página 257, decidido en 1934.)

[2]*Du Bois* v. *Gibbons*, 118 N. E. (2d) 295 (1954).

(Caso que aparece en el Volumen 118, *North Eastern Reporter, Second Series*, página 295, decidido en 1954.)

[3]*In re Brices Guardianships*, 8 N. W. (2d) 576 (1943).

(Caso que aparece en el Volumen 8, *North Western Reporter, Second Series*, página 576, decidido en 1943.)

Sentencias de las cortes de más alta jurisdicción en los estados, emitidas en el siglo 19, publicadas en el *American Decisions*, publicación oficial:

[1]*Draper* v. *Snow*, 75 Am. Dec. 408 (1859).

(Caso que aparece en el Volumen 75, *American Decisions*, página 408, decidido en 1859.)

Sentencias del Tribunal Supremo, Puerto Rico

Sentencias de la Corte Suprema de Puerto Rico, publicadas en Decisiones de Puerto Rico (español), y *Puerto Rico Reports* (inglés), publicaciones oficiales del gobierno:

[1]*Prado* v. *Quiñones*, 78 D.P.R. 322 (1955).

(Caso que aparece en el Volumen 78, Decisiones de Puerto Rico, página 322, decidido en 1955.)

[1]*Prado* v. *Quiñones*, 78 P.R.R. 320 (1955).

(Caso que aparece en el Volumen 78, *Puerto Rico Reports*, página 300, decidido en 1955.)

DOCUMENTOS DE ORGANIZACIONES INTERNACIONALES

Si el trabajo donde se incluye la nota al calce tiene bibliografía, hay que mencionar en la llamada el título del documento, el autor (si aparece firmado por una persona en particular), el sitio y el año de publicación y la página y/o parte específica a la cual se hace referencia. Si el trabajo donde se incluye la llamada no tiene bibliografía, es menester añadir a los datos anteriormente mencionados el número de serie y/o venta del documento.

No se debe traducir los nombres propios de los documentos. Conviene utilizarlos para sus notas al calce en el idioma en que han sido consultados.

Sígase la puntuación de los ejemplos a continuación:

> [1]Vea el informe de la Liga de Naciones titulado *Report of the Work of the League During the War* (Ginebra: 1945), págs. 160-167.
>
> [2]*Actas oficiales de la Comisión de Energía Atómica de las Naciones Unidas,* 11 de septiembre de 1947 (Nueva York: 1947), pág. 104.
>
> [3]Claude Mercier, *La recepción radiofónica a bajo costo* (París: 1950), pág. 117. Esta monografía es parte de unos estudios patrocinados por la UNESCO sobre prensa, radio y cine en el mundo de hoy.
>
> [4]Claude Mercier, *La recepción radiofónica a bajo costo,* estudio monográfico de la UNESCO (París: 1950), pág. 117.

Si es necesario incluir el número de serie y/o venta:

> [1]Vea el informe de la Liga de Naciones titulado *Report of the Work of the League During the War* (Ginebra: 1945), General. 1945.2, págs. 160-167.
>
> [2]*Actas oficiales de la Comisión de Energía Atómica de las Naciones Unidas,* 11 de septiembre de 1947 (Nueva York: 1947), AEC/26, S557, pág. 104.

NOTAS QUE AMERITAN EXPLICACIONES

El contenido y la puntuación de notas que amplían la discusión y la información vertida en el texto no pueden ajustarse a reglas específicas, pero deben redactarse con precisión y esmero, ajustándose a las reglas de puntuación y estilo del idioma en que se escriben. Las indicaciones del autor deben aparecer en tercera persona.

Los ejemplos que se copian a continuación pueden ayudar al lector en la redacción de las notas que necesite para su estudio.

Nota de contrarreferencia (ejemplo tomado del libro de Muñoz Amato, *Introducción a la administración pública,* pág. 15).

Texto: Uno de los más útiles en la situación contemporánea es el que enfoca los problemas de la *administración* de las normas políticas, definiendo así la administración pública en forma más restringida [1].

Nota al calce que explica la llamada del texto anterior:

[1]En este primer capítulo se esbozan algunas nociones generales sobre la evolución de la disciplina de sus distintas posturas Metodológicas. Se presentan aquí a grandes rasgos y en forma incidental al problema de definir el ámbito de la administración pública. En el Capítulo II están explicadas con mayor detenimiento y respaldadas por referencias a los autores representativos.

Nota que ofrece datos para la identificación de una persona (ejemplo tomado de la *Revista del Colegio de Abogados de Puerto Rico,* Vol. XVI (1956), pág. 5).

Texto:

El artículo "Divagaciones sobre el Derecho Comparado", escrito por José Castán Tobeñas... [1].

Nota al calce que explica la llamada del texto anterior:

[1]Presidente del Tribunal Supremo de España.

Nota que amplía el texto (ejemplo tomado del libro de Herbert A. Simon, Donald W. Smithburg y Victor A. Thompson, *Public Administration,* pág. 319 de la versión en español).

Texto:

Para otros cargos de menor importancia se recurre a exámenes escritos, en los cuales los candidatos se reúnen en un salón y redactan al mismo tiempo sus respectivos trabajos. A consecuencia de los gastos de viaje, el servicio federal no ha hecho un uso tan extenso de los exámenes orales como las oficinas locales y estatales de personal [1].

Nota al calce que explica la llamada del texto anterior:

[1]En California, por ejemplo, se utiliza con frecuencia el sistema de exámenes orales, incluyendo en el tribunal examinador miembros *ad-honorem,* que se buscan entre expertos ajenos al servicio público.

Nota que ofrece datos sobre opiniones iguales a la sostenida por el autor (ejemplo tomado del libro de Pedro Muñoz Amato, *Introducción a la administración pública,* pág. 28).

Texto:

Un buen ejemplo de esta creencia es el artículo de Woodrow Wilson... que tanta influencia ha tenido en el pensamiento norteamericano sobre este punto [1].

Nota al calce que explica la llamada:

[1]Véase la trayectoria de esta idea en Albert Lepawsky, *Administration* (Nueva York: 1949), Capítulo III.

Nota que explica el texto (ejemplo tomado del libro de Simón, *Public Administration,* pág. 429).

Texto

...los organismos especializados en planificación se ocupan casi siempre de proyectos a largo plazo, mientras la planificación a corto plazo... tiene lugar a todo lo ancho y largo de la estructura administrativa [1].

Nota al calce que explica la llamada anterior:	[1]No queremos implicar con esto que todo plan a largo plazo lo hagan unidades especiales, sino que esas unidades tienen que ver con tal plan mucho más que otras.
	(Nótese la forma impersonal —"no queremos", en vez de "no quiero").

CITAS DIRECTAS EN NOTAS AL CALCE

Para ampliar las ideas a veces es necesario utilizar citas directas en las notas al calce. La información tomada de otro autor se incluye entre comillas y se continúa escribiendo de margen a margen y a un espacio. La información debe traducirse al idioma en que se escribe, a menos que no haya vocablos adecuados, o que pierda su esencia al traducirse. La elipsis u omisión de palabras sigue las reglas mencionadas anteriormente en la sección sobre diferentes tipos de notas, *supra*, pág. 110.

Ejemplos (tomados del libro *La nueva constitución de Puerto Rico*, págs. 175, 531).

Texto:	Una prohibición idéntica se encuentra en nuestra Ley Orgánica [1].
Nota al calce que explica la llamada:	[1]El artículo 2 del Código de Enjuiciamiento Criminal de Puerto Rico complementa la anterior disposición al establecer que "a nadie podrá castigarse por delito a no ser en virtud de convicción legal habida en tribunal competente".
Texto:	La Constitución de Hawaii establece el poder del veto del gobernador... [1].
Nota al calce que explica la llamada:	[1]"Ninguna propuesta de enmienda de la constitución adoptada en cualquier manera provista por este artículo será sometida a veto del gobernador". Art. XV, sec. 4.

CITAS SECUNDARIAS EN NOTAS AL CALCE

Si no se ha podido utilizar el original de un documento o referencia, y se cita éste porque se ha conseguido su texto completo en otro libro, incluya el nombre del documento seguido por la palabra "en" y los datos sobre el libro donde ha sido encontrado el mismo.

Ejemplo:

[1]Constitución de la India, en Amos J. Peaslee, *Constitutions of Nations* (Concord: 1950), III, pág. 517.

(Esta cita indica que no se consiguió el documento original pero que su texto completo se encuentra en el libro de Amos J. Peaslee, de donde fue utilizado).

Si la cita secundaria se hace de una obra citada por otro autor, de la cual ni se ha obtenido la fuente original, ni su texto completo, se preceden los datos por la frase "citada por".

Ejemplo:

[1]Debates de la Cámara de los Comunes de 28 de abril de 1949, Vol. 464, Col. 370, citados por K. C. Wheare, "Is the British Commonwealth Witherin Away", *The American Political Science Review* (septiembre, 1950), pág. 548.

(Esta cita indica que no se obtuvo copia de los debates y que la información se obtuvo mediante una cita de los mismos hechos por K. C. Wheare, quien no los publicó completos.)

El investigador debe utilizar el sistema de notas explicativas para indicar cuándo lo que ofrece en el texto ha sido traducido por él, y cuándo ha utilizado itálicas o subrayado para darle énfasis al texto. Debe indicarlo en una forma impersonal.

Ejemplo:

[1]Subrayado y traducción nuestra.

FORMAS ESPECIALES DE CITAS EN NOTAS AL CALCE

Como se recordará, uno de los requisitos esenciales de forma para las notas al calce es evitar en ellas la repetición de datos ya incluidos en el texto o en notas anteriores (vea la regla 7 en la pág. 123). Para satisfacer este requisito se utiliza una serie de expresiones técnicas, a saber:

Ibid.

La abreviatura *ibid.* (de la palabra en latín *ibidem*—"en el mismo lugar" o "allí mismo") indica en una nota al calce "igual a lo anterior". Se usa para acortar notas CONTIGUAS relacionadas con una misma fuente de referencia. *Ibid.* es una indicación de que en la información dada inmediatamente antes (en la nota anterior o en la misma nota) se han mencionado determinados datos.

Ejemplos:

[1]Francisco Ayala, *Puerto Rico: un destino ejemplar* (México: Editorial Cultura, 1951), págs. 12-15.

[2]*Ibid.*

(La nota 2 hace referencia a la misma cita de la nota 1. *Ibid.* obvia toda repetición.)

[3]*Ibid.*, pág. 16.

(La nota 3 hace referencia a la misma fuente de referencia que la nota 2, pero a páginas distintas.)

Ibid. puede usarse en cualquier lugar del cuerpo de la nota, dependiendo de los datos que sustituya.

Ejemplos:

[1]Santos P. Amadeo, "El Habeas Corpus en Puerto Rico", 17 *Rev. Jur. U. P. R.* 26 (1947).

[2]Pedro Muñoz Amato, "La regla de la prueba de referencia y sus excepciones", 13 *ibid.* 76 (1943).

Ibid. puede utilizarse para sustituir datos dentro del cuerpo de una misma nota.

Ejemplo:

[1]Constitución de Francia, Título I, art. 3, en Amos J. Peaslee, *Constitution of Nations* (Concord: 1950), pág. 9; Constitución de Italia, *ibid.*, pág. 285.

Ibid. siempre se subraya (lo que equivale a itálicas en obras impresas). No debe usarse *ibid.* para notas que, aunque sucesivas, se encuentren muy distantes una de las otras (generalmente, por más de cinco páginas). En esa situación deben mencionarse todos los datos pertinentes.

Op. cit.[1]

Otra herramienta de gran importancia para acortar y simplificar las llamadas al hacer citas posteriores es la abreviatura *op. cit.*, de la frase en latín *opere citato* ("en la obra citada"). Se usa *op. cit.*, para indicar que la obra a la cual se hace referencia aparece citada en una nota anterior, NO CONTIGUA.

El uso de *op. cit.* se aplica únicamente a llamadas sobre obras documentales (i. e., obras escritas) que se citan por autor. El apellido del autor precede a la abreviatura *op. cit.* y sirve de guía para identificar la nota anterior.

Ejemplos:

[1]Manuel Fernández Juncos, editor, *Antología puertorriqueña* (Nueva York: 1907), pág. 160.

[2]José Colombán Rosario y Miguel Zapata, *La gente* (Río Piedras: 1949), pág. 93.

[3]Fernández Juncos, *op. cit.*, pág. 19.

Op. cit. no se usa para citas posteriores de una obra cuyo autor tenga más de una obra ya citada en el estudio, pues se haría imposible al lector determinar a cuál de ellas se refiere. En tales casos se repiten el apellido del autor, el título

---

1. En algunas obras en español se utiliza la abreviatura *ob. cit.* (obra citada), en vez de la abreviatura de la palabra latina. El investigador puede utilizar la abreviatura que desee.

de la obra citada y las páginas de referencia, en ese orden. La omisión de los datos de publicación indica que la obra ha sido citada anteriormente en una nota al calce.

Ejemplos:

[1]Pedro Muñoz Amato, *Introducción a la administración pública* (México: 1954), pág. 200.

[2]Pablo Morales Otero, *Nuestros problemas* (2da ed.; San Juan, P. R.: 1947), pág. 218.

[3]Pedro Muñoz Amato, *La reorganización de la rama ejecutiva* (Río Piedras, P. R.: 1951), pág. 6.

[4]Muñoz Amato, *Introducción a la administración pública,* pág. 198.

Para citas posteriores de obras que se mencionan por su título, en vez de hacerse uso de *op. cit.* se procede a repetir el título de la obra. En ese caso está permitido acortar el título, si éste es muy largo. Se omiten los datos de publicación.

Ejemplos:

[1]*La campaña contra el desempleo,* I. L. O. estudios y documentos [s. c.] 20 (Ginebra: 1950), pág. 259.

[2]*La Biblia,* Eclesiastés 6:9.

[3]*La campaña contra el desempleo*..., págs. 15-16.

Loc. cit.

La abreviatura *loc. cit.* (de la frase latina *loco citato:* "en el sitio citado") se utiliza para citas NO CONTIGUAS de artículos de revistas (que aparecen firmados por su autor), y de obras que son colecciones de piezas por varios autores.

Ejemplos:

[1]Fernando Diez de Medina, "La libertad responsable", *América,* Vol. L, Núms. 1, 2 y 3 (octubre-diciembre, 1956), págs. 21-24.

[2]*Castro* v. *González,* 70 *D. P. R.* 887 (1950).

[3]Diez de Medina, *loc. cit.*

Loc. cit. no puede usarse para citas posteriores de una obra cuyo autor tenga más de una obra ya citada en el trabajo. En ese caso se repite el apellido del autor y el nombre de la obra citada, omitiéndose los datos de publicación, en casos de colecciones, y las fechas de las revistas, en caso de revistas.

Ejemplo:

Si hubiera dos obras de Diez de Medina, se citarían, después de la primera vez, en la forma siguiente:

[1]Diez de Medina, "La libertad responsable", *América*, pág. 23.

(Al omitirse el volumen, el número y la fecha de la revista, se entiende que ya se ha citado la misma en una nota al calce.)

Para citas posteriores de artículos de revistas y obras en antologías, sin autor, en vez de usarse *loc. cit.* se menciona el título del artículo, el nombre de la obra y el número de las páginas de referencia.

Ejemplos:

[1]"Continentales", *América*, Vol. L, Núms. 1, 2 y 3 (octubre-diciembre, 1956), pág. 91.

[2]Francisco Ayala, *Puerto Rico: un destino ejemplar* (México: 1951), págs. 12-15.

[3]"Continentales", *América*, pág. 93.

Supra e *Infra*

Los escritores usan corrientemente estos dos términos en las notas al calce para hacer contrarreferencia a otras partes *del texto* en sus obras. *Supra* (del latín, indica "sobre", "arriba", "más allá") se usa para expresar "véase más arriba" o "véase la parte anterior". *Infra* (del latín, indica "abajo") se usa en la nota al calce para expresar "véase más abajo" o "véase más adelante".

Supra e *infra* no deben usarse para hacer contrarreferencia en otras notas al calce. Su uso se circunscribe únicamente a contrarreferencias a las páginas del texto de la obra. Ambas siempre preceden a las páginas de referencia y van subrayadas (itálicas en obras impresas).

Ejemplos:

[1]*Infra*, pág. 15.

(Para: Véase la página 15 más adelante.)

[2]Véase la discusión sobre la legislación obrera, discutida en el capítulo "La historia del movimiento obrero", *supra*, págs. 12-25.

Pueden utilizarse las palabras *ante* (por *supra*) y *post* (por *infra*).

Passim

La palabra *passim* (del latín *et passim* que indica "aquí y allá") se usa en una nota para referir al lector a información que se encuentra dispersa en varias páginas en la obra citada, y las que no se van a numerar en la nota.

Ejemplo:

Pedro Muñoz Amato, *Introducción a la administración pública* (México: 1954), Cap. III, *passim.*

Frecuentemente *passim* aparece abreviado *pass*. Puede usarse indistintamente la palabra o la abreviatura. Siempre va subrayada o en itálicas en obras impresas. No debe usarse frecuentemente el uso de esta expresión, ya que es preferible indicarle al lector las citas con exactitud.

Et seq.* y *ff.

***Et seq.* (del latín *et sequentia,* que indica "y siguientes") y *ff.* (del inglés *following*) tienen idéntica connotación. Ambas refieren al lector a las líneas, páginas o capítulos subsiguientes, según sea el caso. Es permisible su uso si los datos a que se refieren se extienden con interrupciones sobre varias páginas. *Et seq.* se subraya (itálicas en obras impresas).**

Ejemplo:

La sistematización de la administración pública se discute en detalle en la obra de Pedro Muñoz Amato, *Introducción a la administración pública,* págs. 56-96 *et. seq.*

RESUMEN DE SIMBOLOS, PALABRAS Y ABREVIATURAS MAS UTILIZADAS EN TRABAJOS ESCRITOS

La siguiente lista ofrece un resumen de las abreviaturas y símbolos más frecuentemente usados en trabajos escritos y su correspondiente significado:

. . .	tres puntos suspensivos indican la elipsis
[ ]	los datos incluidos entre corchetes han sido suplidos por el autor
ante	antes (o *supra*)
art.; arts.	artículo; artículos
cap.; caps.	capítulo; capítulos
c.	circa: alrededor de
cf.	compare, confróntese, véase
col.	columna
ed.	edición, editor, editado por
e. g.	*exempli gratia:* por ejemplo
et al.	*et alii:* y otros

et seq.	*et sequens*, singular, o *et sequentia*, plural: y las siguientes
f.; ff.	y siguiente; y siguientes
fol.	folio
i. e.	*id. est:* esto es
ibid., id.	*ibidem:* en el mismo lugar
il.	ilustrado, ilustrador; en inglés, *ill.*
infra	vea más adelante
l.	línea
ll.	líneas
loc. cit.	*loco citato:* en el pasaje referido
Ms., MS.	manuscrito
Mss., MSS.	manuscritos
n.	nota
n. b.	*nota bene:* nótese bien
n. d.	*no date*
n. s.	nueva serie
núm.; núms.	número, numerado; números
op. cit.	*opere citato:* en la obra citada
pág.; págs.	página; páginas
p.; pp.	*page; pages*
passim o *pass.*	*et passim:* y aquí y allá
post.	véase más adelante
pte.	parte
rev.	revisada; revisión
s.; ss.	página siguiente; páginas siguientes
s. a.	sin año
s. f.	sin fecha
s. l.; n. l.	sin lugar de publicación; ningún lugar
s. n.; n. n.	sin nombre del publicador; ningún nombre
sic	así; palabra textual
tr.	traducido; traductor
supra	véase más arriba, en la parte anterior
v.; vs.	*versus:* contra
viz.	*videlicet:* a saber, esto es
vol.; vols.	volumen; volúmenes
vg. ó v. g.	verbigracia

Abreviaturas que identifican los documentos de la rama legislativa en Puerto Rico y los Estados Unidos:

Proyectos de ley:

P. de la C.	Proyecto de la Cámara	*H. R.*	*House Bill*
P. del S.	Proyecto del Senado	*S.*	*Senate Bill*

Resoluciones:

R. de la C.	Resolución de la Cámara	*H. Res.*	*House Resolution*
R. del S.	Resolución del Senado	*S. Res.*	*Senate Resolution*
R. C.	Resolución conjunta	*J. Res.*	*Joint Resolution*
R. Conc.	Resolución concurrente	*Con. Res.*	*Concurrent Resolution*

Informes y documentos (Estados Unidos):

H. Rept.	*House Report*
S. Rept.	*Senate Report*
H. Doc.	*House Document*
S. Doc.	*Senate Document*

CAPÍTULO IX

USO DE TABLAS Y GRAFICAS

El uso de tablas, gráficas o material ilustrativo suele ser muy útil en la presentación de un informe, de una tesis, o de un ensayo que se quiere respaldar con material estadístico. Hay varios factores que se deben tomar en consideración en la presentación de este tipo de material.

Gráficas [1]

La gráfica debe presentarse de acuerdo con la clase de información de que se dispone. Supongamos, por ejemplo, que deseamos presentar una información obtenida de series históricas o cronológicas. En ese caso, debemos saber si lo que se va a destacar son valores absolutos o, por el contrario, variaciones relativas.

GRAFICA III. INDICE DE PRODUCCION INDUSTRIAL *

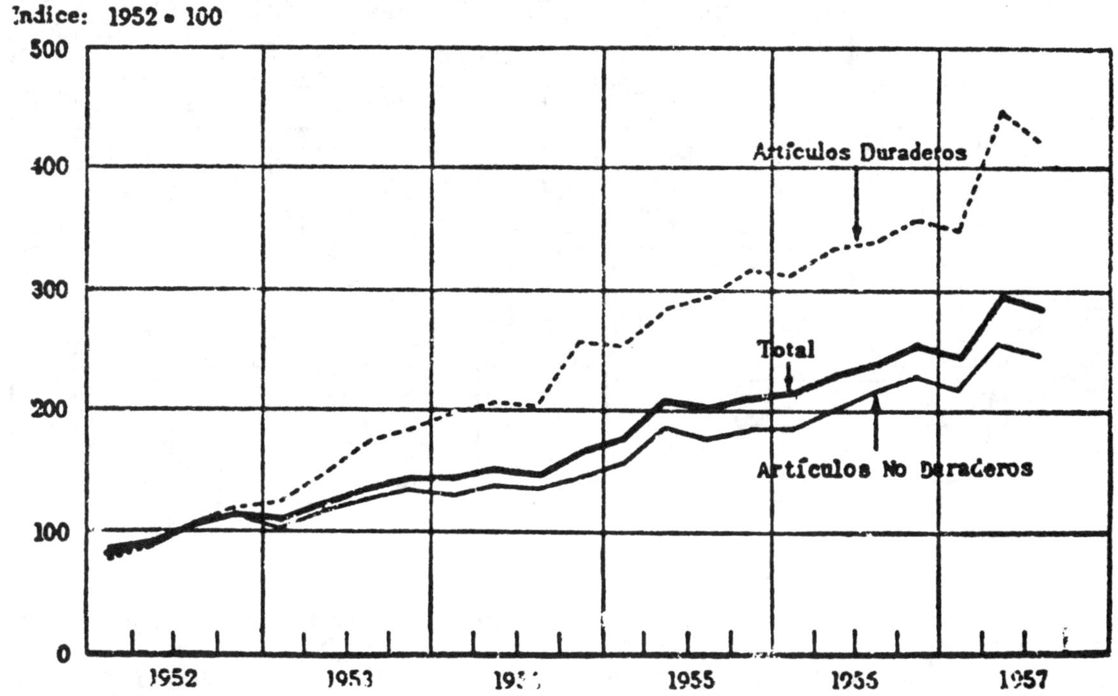

* Excluye la manufactura de azúcar.

Año Económico

1. Las gráficas que se incluyen a continuación aparecen en el *Informe económico al Gobernador* (San Juan, P. R.: 1957). Los clisés fueron generosamente cedidos por la Junta de Planificación, San Juan, Puerto Rico.

La gráfica anterior sirve para representar series cronológicas en que se destacan tres clases de las mismas: de artículos duraderos, de artículos no duraderos y la total. En el eje horizontal se han colocado los años y, en el vertical, los valores absolutos de las series.

Por el contrario, si el propósito es comparar variaciones relativas debemos usar una gráfica semi-logarítmica.

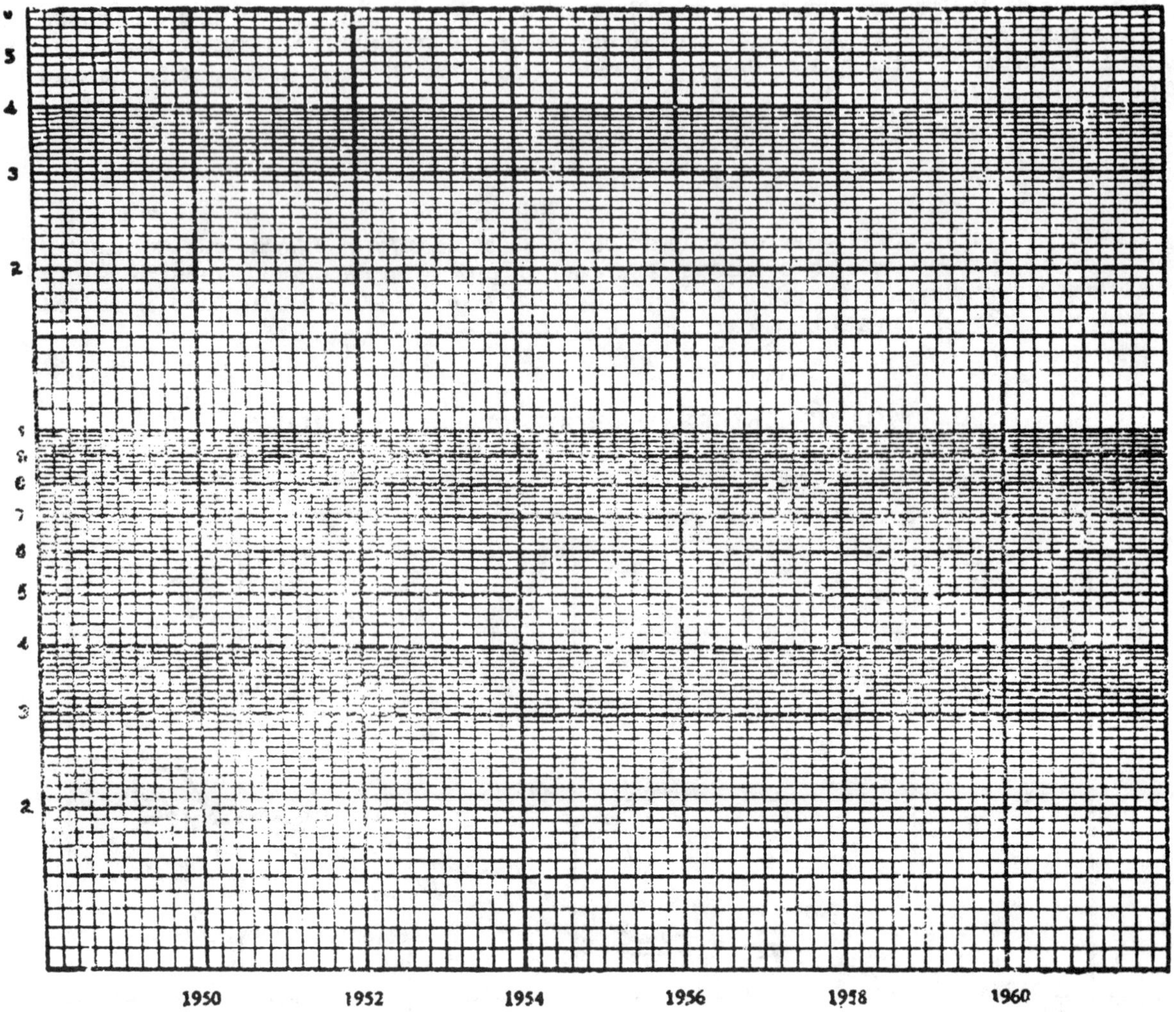

La gráfica anterior se denomina semi-logarítmica. Se puede observar que en el eje horizontal las distancias entre los años son iguales. Este eje no difiere en nada de un gráfico aritmético. Sin embargo, en el eje vertical, las distancias no son iguales para valores absolutos iguales. Cambios porcentuales iguales son representados por distancias iguales. Ejemplo: la diferencia entre el valor 1 y 2 es la misma que entre el valor 2 y 4. Podemos observar que en ambos casos el aumento es de 100 por ciento.

El gráfico semi-logarítmico presenta una serie de ventajas. Una curva exponencial del tipo $Y = a^x$ se convierte en una línea recta en un gráfico de esa especie. Los cambios relativos se determinan por las pendientes de las líneas. Por lo tanto, las series cronológicas que aumentan o disminuyen al mismo ritmo se representan por líneas paralelas. Las comparaciones de las tasas relativas de crecimiento o disminución se miden por las pendientes de las líneas correspondientes.

En un gráfico semi-logarítmico se pueden representar series que difieren materialmente una de otra. Por ejemplo, se puede comparar el crecimiento poblacional y el aumento en la renta nacional.

Gráficos para la comparación de frecuencias.—Cuando queremos hacer comparaciones de datos entre dos años, o comparaciones de países, regiones, etc., podemos emplear el gráfico de barras.

GRAFICA V. PAGOS DE TRANSFERENCIAS DEL GOBIERNO FEDERAL

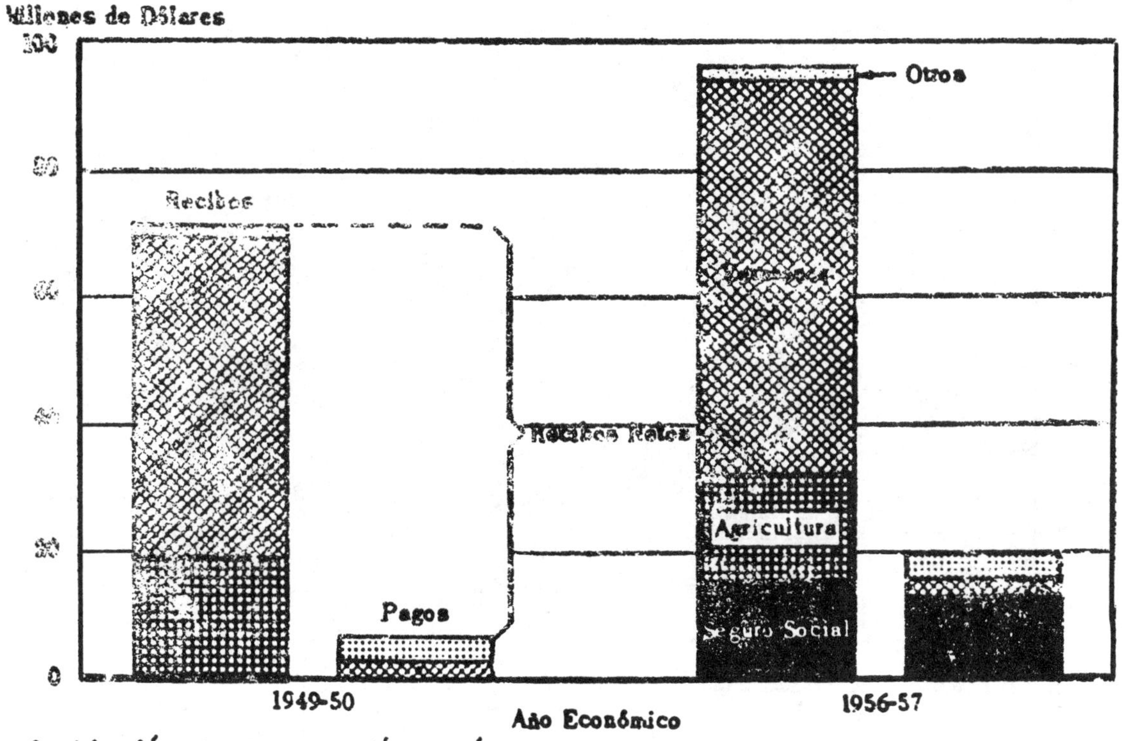

Contribución sobre la elaboración de azúcar.

La gráfica que se acompaña ilustra un gráfico de barras para comparar los pagos de transferencias del Gobierno Federal entre los años fiscales 1949-50 y 1956-57.

A la vez, este gráfico ofrece los componentes de la información que se quiere representar.

GRAFICA VII. GRUPO TRABAJADOR, POR INDUSTRIAS SELECCIONADAS

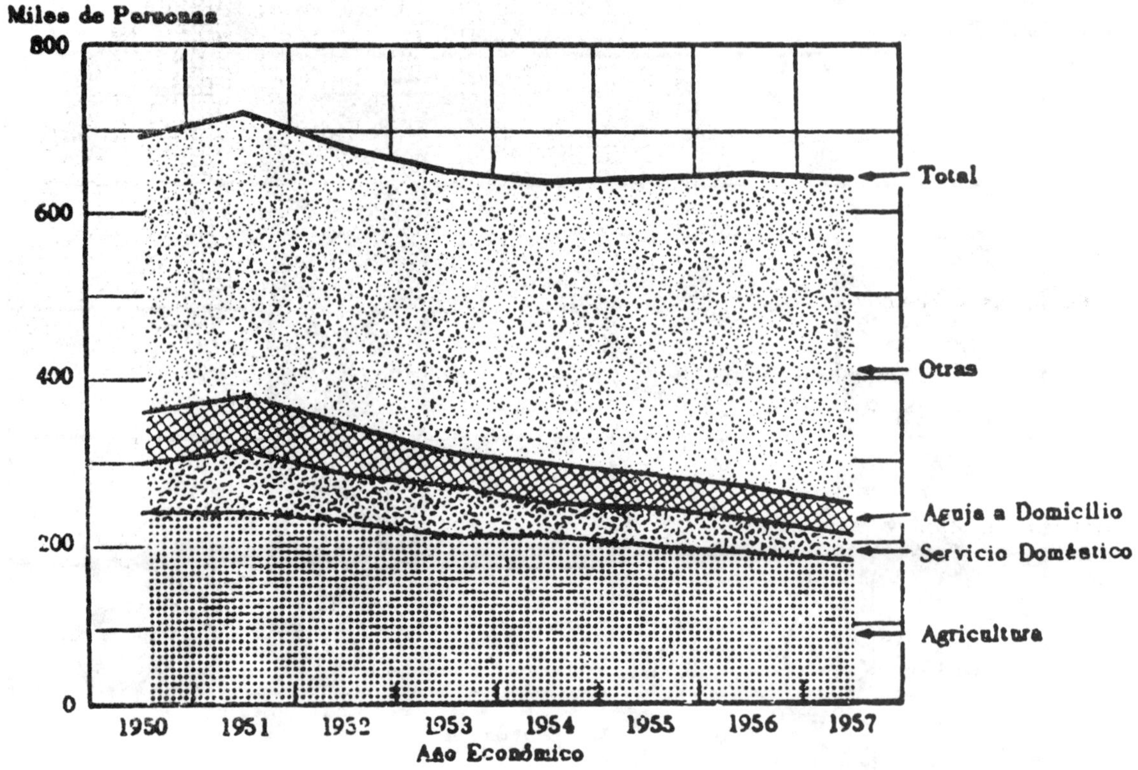

La gráfica anterior muestra otra forma de presentar los componentes de una serie y a la vez combinarlo con una serie cronológica.

GRAFICA XII. INGRESOS CONTRIBUTIVOS DEL GOBIERNO ESTATAL,

AÑO ECONOMICO 1956-57

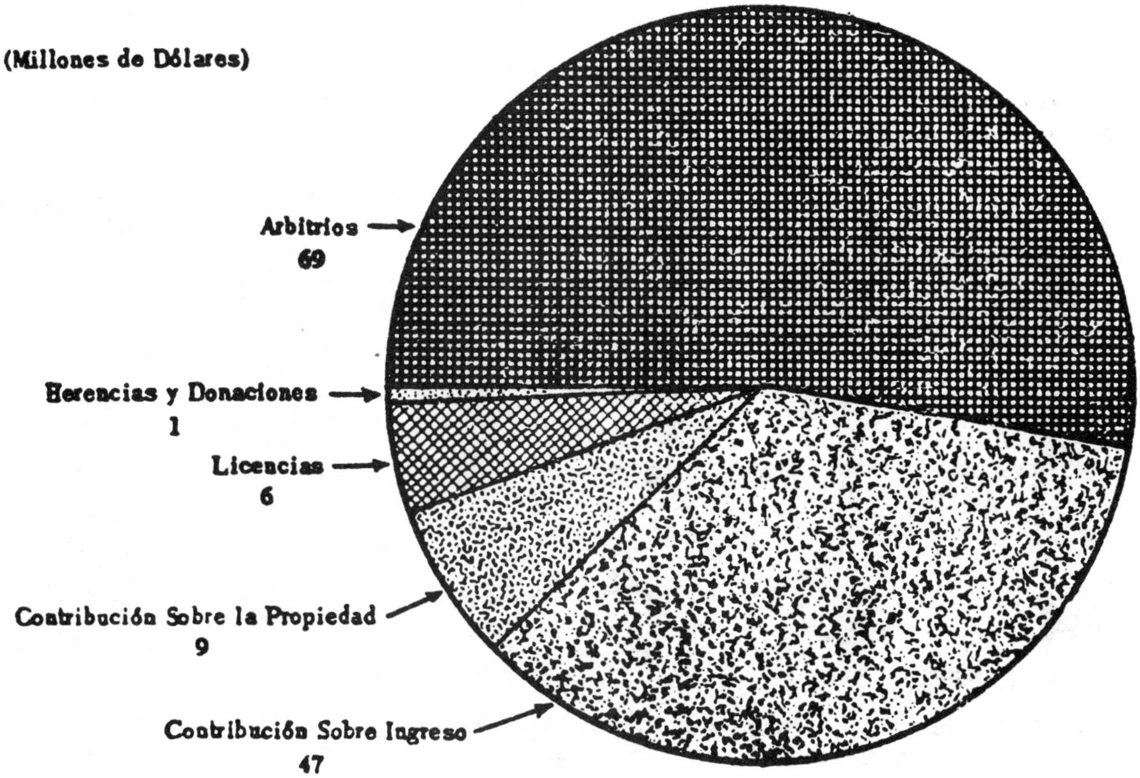

Otra forma ingeniosa de hacerlo es a través del "piediagram" o gráfico circular.

El uso de gráficas simbólicas o de dibujos es muy corriente.

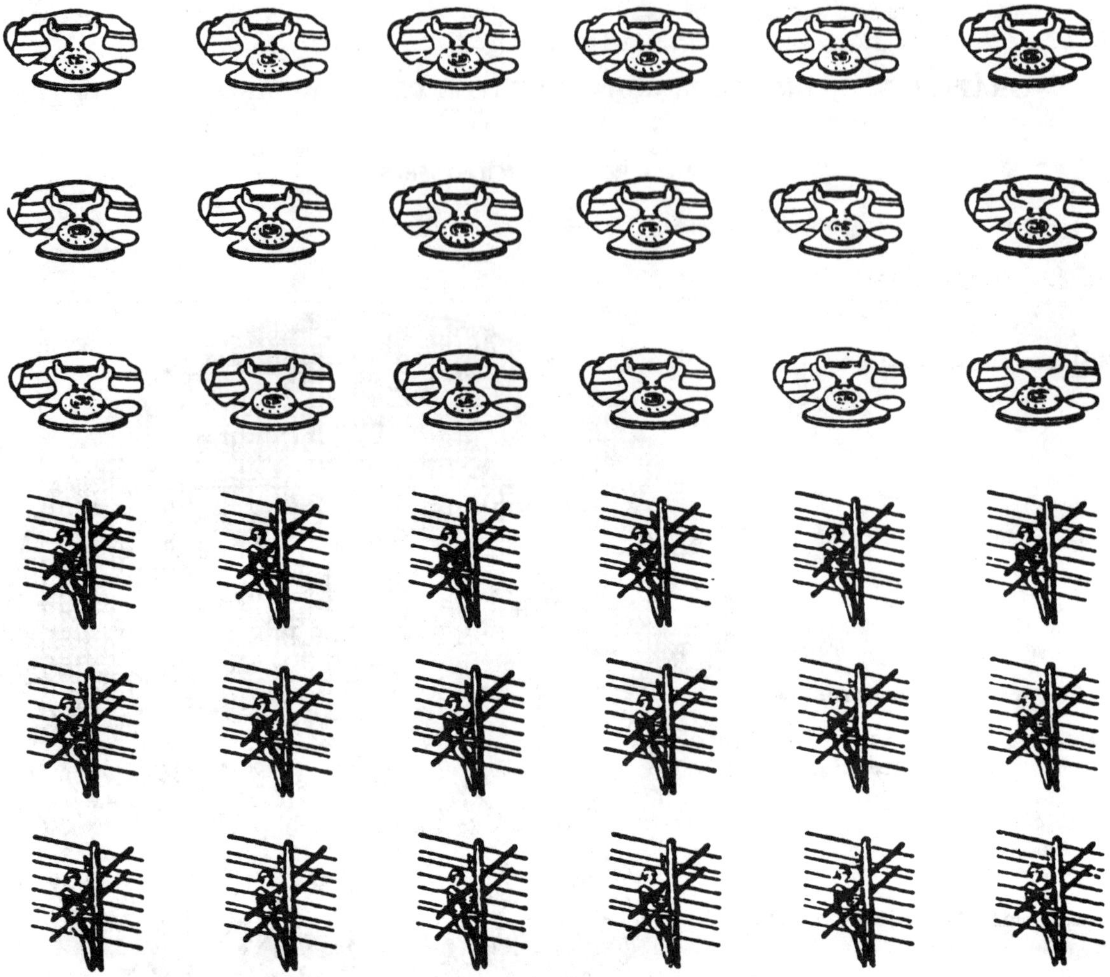

La ilustración recoge varios modelos de símbolos que se pueden usar con muy buen efecto en la representación gráfica. Sin embargo, conviene que los símbolos se expliquen por ellos mismos, sin la necesidad de muletillas indeseables.

Hay una técnica amplia para la mejor representación de los símbolos que debe conocerse.

Las advertencias generales en cuanto a la presentación de gráficas deben incluir las siguientes consideraciones:

> Las coordenadas de las gráficas deben ser proporcionales a los datos que se representan, para no dar una idea equivocada de lo que estamos representando.
>
> La columna que representa cantidades debe contener el cero. Hay, sin embargo, algunas gráficas en que el punto de referencia es 100 y no cero, en cuyo caso no hay necesidad de representar el cero.

Cuando el cero se omite en una gráfica, esta omisión se debe representar claramente.

En la gráfica siguiente se incluye el cero, pero la ordenada aparece quebrada para ilustrar que se han omitido varios valores.

GRÁFICA X

INDICE DE PRECIOS DE ALIMENTOS

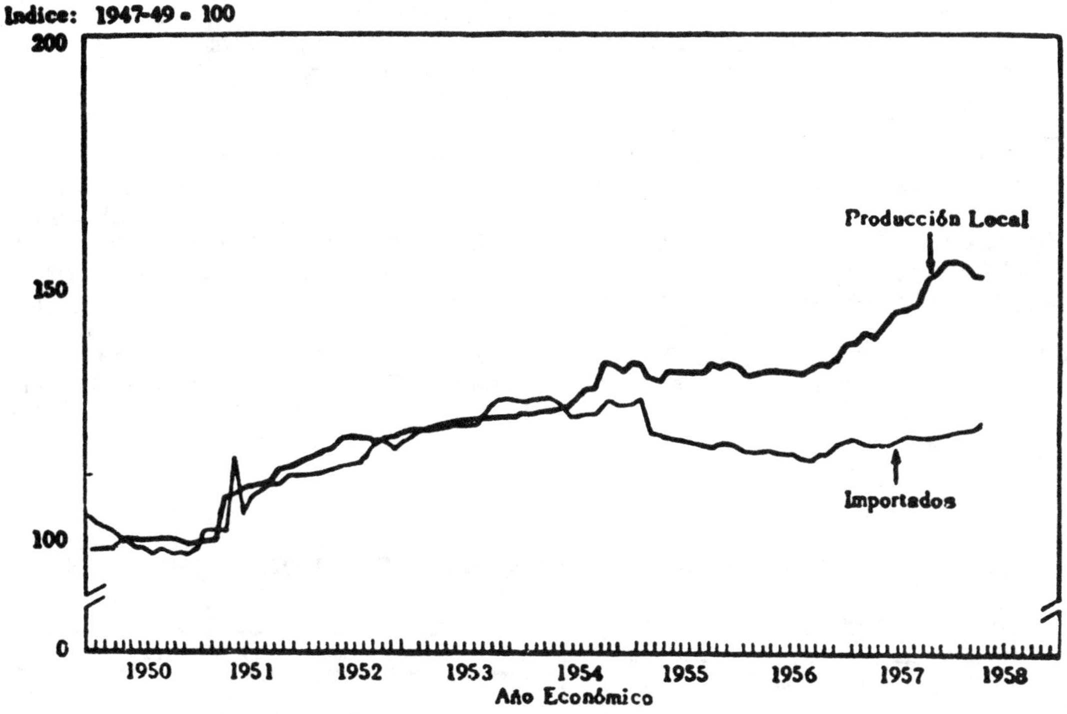

Las líneas horizontales, el cero, o cualquier línea de referencia debe destacarse en la gráfica.

Los ejes de la gráfica deben estar bien identificados.

El titulo de la gráfica debe ser claro y enmarcar con toda claridad los datos que se representan.

Las cantidades de la gráfica deben ser claramente identificadas. Cuando se refieren a dólares, éstos deben describirse como dólares constantes o dólares corrientes. En el primer caso, se entiende que se han eliminado los efectos de aumentos en precios.

Las fechas, en las gráficas de las series cronológicas, deben ser claramente descritas. Los años deben especificarse si son fiscales o naturales.

Cuando en una gráfica se representa más de una serie, éstas deben distinguirse claramente unas de otras y, a la vez, si hay diferentes escalas para la lectura de las gráficas, las escalas deben especificarse con toda claridad.

Tablas estadísticas

Una tabla es una colección o serie de números, signos, valores o unidades con alguna relación entre sí, y que han sido organizados y agrupados en columnas para facilitar comparaciones y referencias. Los estadísticos suelen definir una tabla estadística como "la agrupación ordenada de información en números concretos y relacionados entre sí, en columnas verticales y líneas horizontales"[1].

Las tablas estadísticas pueden ser clasificadas en dos tipos, de acuerdo a los propósitos que sirven. Primero, las tablas de información general, para fines generales y sin un propósito determinado y específico. Estas tablas contienen gran cantidad de información, a la que puede dársele diferentes usos, según las personas que la utilicen y la finalidad que se propongan alcanzar. Comúnmente, este tipo de tabla se acompaña de abundante información y notas explicativas. Describe los términos, métodos y procesos de colección, cambios en la clasificación, y otros datos necesarios para la interpretación de la tabla. Un buen ejemplo de esta clase es el Censo de los Estados Unidos.

Luego, tenemos las tablas para propósitos específicos. Este tipo, que es el más común, está concebido para leerse en conexión al texto que acompaña. Muchas veces, su propósito es el de ampliar, sustentar o aclarar los datos ofrecidos en el informe o en el trabajo correspondiente. Por lo tanto, es arriesgado utilizar estas tablas para otros propósitos, sin antes estudiarlas minuciosamente y consultar —si es posible— la fuente original de la cual proceden. A veces, puede hacerse uso de este tipo de tabla cuando se emplean gráficas y así se da valor exacto a los puntos por los cuales atraviesa la curva. Un ejemplo de esta clase lo encontramos en la Tabla Número I, obtenida del Boletín Mensual de Estadística del Departamento Administrativo Nacional de Estadística en Bogotá, Colombia.

TABLA I

INDICE TOTAL NACIONAL DE PRECIOS AL CONSUMIDOR.—EMPLEADOS *

Meses	1955	1956	1957
Enero.	100 0	102 5	110.9
Febrero.	100 0	102.9	112.5
Marzo.	100.4	103 5	114.2
Abril.	100 9	104.1	116.3
Mayo	100 6	105 0	117.4
Junio	100.8	105.7	121.4
Julio	100.7	106.6	125.1
Agosto	101.0	106.5	126 8
Septiembre . . .	100 6	107.3	127.8
Octubre.	101.0	108 3	129.6
Noviembre . . .	101 6	109 7	.....
Diciembre. . . .	102 6	110.2	.....
Promedio . .	100.9	106.0	.....

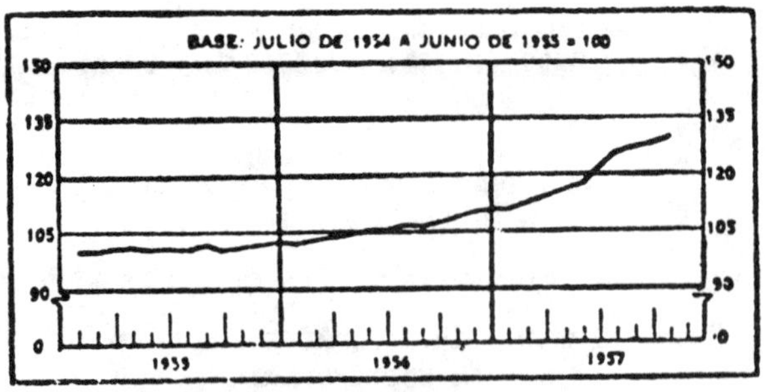

* Como el lector verá más adelante, esta tabla no posee todas las características de una tabla perfecta. La hemos utilizado como un ejemplo de una característica favorable que posee.

Este segundo tipo de tabla debe ser construido y presentado cuidadosamente. Como antes dijimos, éste es el tipo usado con más frecuencia y quizá el más adecuado a los intereses del lector. Por esta razón, nos vamos a permitir hacer algunas sugestiones im-

1. Martín A. Brumbaugh y Lester S. Kellog, *Business Statistics* (Chicago: 1941), pág. 144, citado por John H. Myers, *Statistical Presentation* (Iowa: 1950), pág. 5, traducción nuestra.

portantes acerca de su diseño y construcción. En primer lugar, el lector debe sentirse atraído por la tabla. Además, tratándose de una tabla que debe cumplir un propósito específico, los datos más relevantes deben ser presentados en tal forma que el lector los capte y recuerde fácilmente. Para alcanzar estos fines la tabla debe ser simple, concisa y clara, a la vez que completa, en cuanto a datos significativos. El título debe describir con exactitud y claridad la información contenida en la tabla y no en la forma en que los datos deben ser interpretados por el lector. Debe hacerse uso de la ley de primacía y precedencia en la presentación de los datos, poniendo aquéllos de más importancia al principio o al final de la tabla. Si se desea subrayar varios puntos o datos, puede considerarse si no es mejor presentar varias tablas cortas en lugar de una compleja y poco clara.

Características de una tabla efectiva

1. Localización

Lo ideal sería localizarla en el punto exacto en que los datos se ajustan al texto que se escribe. Por diversas razones no siempre se puede lograr esto. Siempre que sea posible debemos tratar de que la tabla aparezca en la misma página en que se hace referencia a la misma. Cuando la tabla es muy extensa para poder hacer esto, se aconseja dedicarle una página por separado. Esta debe ser la siguiente o la anterior, escrita en su reverso, de manera que la tabla aparezca a la izquierda del texto. No es conveniente agrupar todas las tablas de un trabajo al final de éste, en forma de apéndice, a menos que no sea a manera de resumen. Las tablas que se utilizan para acompañar una gráfica deben aparecer en la misma página de ésta, si es posible, a su lado, como en la Tabla Número 1.

Al insertar la tabla en la página no debe olvidarse que en el margen izquierdo hay que dejar espacio para la encuadernación. El margen superior es con frecuencia ligeramente más reducido que el inferior. En lo posible debe evitarse colocar la tabla a lo largo del papel, para economizar al lector la molestia que supone cambiar la posición del impreso o trabajo hecho a máquina. Cuando no haya otro recurso, el título o parte superior de la tabla debe ir en el lado de la encuadernación.

2. Título

Toda tabla estadística debe tener un título que describa clara y precisamente la información que ofrece la tabla. Se debe omitir cualquier título con la frase "tabla indicando" o algo por el estilo. Aun cuando su misión no es otra sino la de describir de una manera clara el material presentado, hay que evitar repetir en él la información que aparecerá luego en los encabezamientos de columnas o en los títulos de las partidas.

El título de una tabla se considera bien redactado si contesta las siguientes preguntas, como en el caso de la Tabla II:

a. ¿Qué representa la tabla? En la Tabla II—Número de clientes y renta general recibida por servicio de agua.

b. ¿Dónde, o a qué lugar se refiere la información? En la Tabla II—Puerto Rico.

c. Clasificación usada. En la Tabla II—Por tipo de servicio.

d. ¿Cuándo? Tabla II—Años fiscales 1950 a 1956.

Hay circunstancias en que pueden omitirse algunas de estas partes, dejando incompleto el título de la tabla. Esos casos se presentan cuando la parte omitida puede ser inferida sin ningún asomo de duda. El título no tiene por qué centrarse de una manera perfecta, pero sí debe destacarse con claridad en la parte superior de la tabla a que hace referencia.

TABLA II.—NUMERO DE CLIENTES Y RENTA GENERAL RECIBIDA EN SERVICIO DE AGUA EN PUERTO RICO, POR TIPO DE SERVICIO: AÑOS FISCALES 1950 A 1956

Partida	Total (1)	Residencial (2)	Comercial (3)	Industrial (4)	Fuentes Públicas (5)	Servicios Misceláneos (6)
1949-50						
Clientes	117,455	98,808	17,847	800	......	......
Rentas	3,435,831	1,640,454	1,651,542	143,835	......	......
1950-51						
Clientes	124,634	105,480	15,988	702	2,461	......
Rentas	3,419,936	1,644,552	1,216,999	171,407	386,979	......
1951-52						
Clientes	134,285	113,997	16,790	877	2,621	*
Rentas	3,589,939	1,758,675	1,286,931	173,139	361,637	9,557
1952-53						
Clientes	148,509	127,525	17,389	894	2,701	*
Rentas	3,846,805	1,899,825	1,356,305	220,016	360,150	10,509
1953-54						
Clientes	161,529	139,981	17,922	908	2,718	*
Rentas	5,212,253	2,749,306	1,796,911	291,671	360,000	14,365
1954-55						
Clientes	175,725	153,377	18,663	926	2,759	*
Rentas	5,507,74	2,946,032	1,859,325	299,746	360,000	42,641
1955-56						
Clientes	191,924	168,125	19,636	1,230	2,933	*
Rentas	5,897,201	3,185,503	1,934,408	386,132	360,000	31,158

* No está disponible la información.

3. Unidad de Medición

La unidad utilizada para hacer los cómputos debe aparecer en la tabla. Es buena práctica hacer uso de una sola unidad de medida a lo largo de toda la tabla, siempre que sea posible. En esos casos, la unidad utilizada debe indicarse debajo del título. Ejemplo: millones de dólares. Facilita la interpretación de la tabla, a la vez que la hace más sencilla y concisa. Cuando sea necesario emplear más de una unidad de medición, éstas deben colocarse claramente, ya sea en los encabezamientos de columnas o en el título de las partidas.

4. Encabezamiento de columnas y títulos de las partidas

La descripción de las diferentes clasificaciones se coloca en los encabezamientos de las columnas o en los títulos de las partidas. Es muy importante que esta descripción se haga en forma clara y precisa, para que no haya dudas en cuanto a los datos que aparezcan en las columnas y líneas de la tabla.

a. Encabezamiento de las columnas

El encabezamiento de cada columna debe estar bien colocado en el centro y sus palabras más importantes escritas en letra mayúscula. (Véase Tabla II.)

En el caso de que este encabezamiento resulte ser demasiado largo para insertarse horizontalmente, se puede escribir a lo largo del papel. Esta regla debe seguirse aun en las tablas escritas a lo largo de la página, no importa que luego al poner la página en posición normal las letras aparezcan vueltas hacia arriba.

En muchas ocasiones resulta conveniente numerar las columnas de una tabla para facilitar su uso e interpretación. En tal caso se emplean números arábigos entre paréntesis debajo de los respectivos encabezamientos. (Véase Tabla II.) El uso de abreviaturas debe evitarse, a menos que sean de uso común. Si a nuestro juicio el encabezamiento de una columna no expresa con claridad la información que deseamos facilitar, se explicará detalladamente en una nota al calce.

b. Título de las partidas

Cada línea debe ser identificada por un título que describa la partida cuyos valores se ofrecen. La primera palabra y los nombres propios del título se escribirán en letra mayúscula. Las partidas detalladas de un título general debajo de éste, se colocarán en esta forma:

Legumbres

Habichuelas secas ....

Gandules ....

Frijoles y otros ....

5. Llamadas y notas al calce

Para explicar con más detalle parte de la información ofrecida en una tabla, a veces es necesario hacer uso de notas al calce que deben aparecer en la parte inferior de la tabla, entre ésta y la fuente de información. Para evitar que las llamadas se confundan con los números de la tabla, se emplean letras minúsculas o asteriscos. (Véase Tabla II.)

La persona que presenta una tabla debe de ser sincera y proceder sin reservas. Facilitará al lector toda la información que posea en el momento de construir la tabla y que pueda ser de valor para éste, sin omitir las dudas. Para hacer esto, sin alargar o complicar más la tabla en cuestión, conviene hacer uso de notas explicativas al calce.

6. Encasillamiento

Cuando una tabla consta de más de dos columnas, se encasilla con líneas horizontales y verticales. Las líneas horizontales pueden trazarse a maquinilla y las verticales utilizando tinta china.

El título no debe caer dentro del encasillamiento. Entre éste y los encabezamientos de columna debe tirarse una doble línea horizontal. La parte inferior de la tabla se cierra por una línea horizontal a lo largo de la misma. Líneas verticales deben dividir los títulos de las partidas y cada una de las columnas. Los lados izquierdo y derecho deben dejarse abiertos. Las líneas verticales se trazarán con sumo cuidado, cuando hayan subdivisiones dentro de un mismo encabezamiento, como en el caso de la Tabla III.

En cuanto al espaciamiento de las líneas, podríamos adoptar la siguiente práctica, que nos puede servir de ayuda para dividir el trabajo en grupos lógicos, mantener el balance y la buena apariencia de la tabla y asistir al lector. Utilícese espacio sencillo o doble en la maquinilla y cada cinco líneas déjese el doble de este espacio.

TABLA III.—TELEFONOS EN SERVICIO EN PUERTO RICO AL 30 DE JUNIO:

AÑOS FISCALES 1943 A 1956

Año	Total	Compañía de Teléfono de Puerto Rico			Autoridad de Comunicaciones de Puerto Rico
		Total	Comercial	Otros	
1942-43	21,309	20,639	10,620	10,019	670
1943-44	22,078	21,231	11,184	10,047	847
1944-45	22,490	21,529	11,617	9,912	961
1945-46	24,276	23,254	12,715	10,539	1,022
1946-47	27,067	25,553	14,101	11,452	1,514
1947-48	30,334	28,540	15,769	12,771	1,794
1948-49	33,312	30,852	17,192	13,660	2,460
1949-50	34,509	32,294	18,329	13,965	2,215
1950-51	37,066	34,563	19,967	14,596	2,503
1951-52	39,292	36,285	21,076	15,209	3,007
1952-53	42,171	38,713	22,829	15,884	3,458
1953-54	47,130	43,289	25,862	17,427	3,841
1954-55	52,166	47,789	28,482	19,307	4,377
1955-56	58,202	53,452	31,493	21,959	4,750

7. **Otras consideraciones importantes**

a. Uso del cero

Cuando se vaya a indicar que el valor de una categoría es igual a cero, debemos hacerlo escribiendo la palabra "cero" en el lugar apropiado, en lugar de poner el símbolo "0". De esta manera evitamos confundir al lector, para que no crea se trata de

un caso en que se carece de la información necesaria. Cuando la información no está disponible o no ha podido ser confirmada, se puede dejar el espacio en blanco o poner un asterisco y explicar cuál es la situación por medio de una nota al calce.

b. Redondeamiento de números

Para que el lector capte con facilidad la información que deseamos trasmitir y perciba fácilmente la relación entre los números, a veces resulta útil redondear las cifras a no más de cinco dígitos. Es necesario que en este proceso de redondear se adopte una práctica sistemática a lo largo de todo el trabajo. Cualquier método de redondear puede ser bueno, si el autor se adhiere a él invariablemente y el lector sabe cuál fue el método utilizado. Nosotros recomendamos el siguiente, porque es fácil y ayuda a que los errores se cancelen unos con los otros. Siempre que la fracción eliminada al redondear sea mayor de cinco, cincuenta, quinientos, etc., añada uno al número que le precede. Por ejemplo: 12,345,678 a 12,346 (millares). Si la fracción eliminada es menor de cinco, cincuenta, etc., el número que le precede se deja igual. Por ejemplo: redondee 98,765,432 a 98,765 (millares). Cuando la fracción a ser eliminada sea exactamente igual a cinco, cincuenta, quinientos, etc., añada uno al número que le precede si es impar o déjelo igual si este es par. Ejemplo: redondee 19,876,500 a 19,876 y 19,875,500 también a 19,876. Debe indicarse en la tabla que las cifras ofrecidas han sido redondeadas. Esto puede hacerse poniendo (millones de dólares) o (millares) inmediatamente después del título de la tabla. Otro estilo aceptado es el de indicarlo así: "omitidos" o simplemente "000".

c. Numeración de las tablas

Las tablas de un trabajo deben numerarse consecutivamente en el orden en que aparezcan en el mismo. Esto facilita las referencias a lo largo del texto. Cuando desee referirse a una de las tablas del informe, hágalo dando el número de la tabla y la página en que aparezca. Lo más adecuado es numerar las tablas por medio de números romanos. En el caso que el trabajo escrito incluya gran cantidad de tablas (más de cuarenta), entonces es preferible numerarlas por medio de números arábigos.

Cuando una tabla es demasiado extensa para insertarse en una sola página, en lugar de usar un papel largo doblado, es preferible emplear varias páginas por separado para continuar la tabla. En tales casos indique que se trata de la misma tabla, usando la palabra "Continuación" en lugar de repetir el número de la misma. Tampoco tiene que repetir el título de la tabla. En cambio, se recomienda continuar la tabla utilizando el mismo tamaño de columnas. Todos los encabezamientos deben ser repetidos en las páginas subsiguientes, no importa que algunas aparezcan en blanco.

8. Nitidez y exactitud

La nitidez es la característica principal que debe poseer toda tabla —esto tanto en cuanto a limpieza como a buena presentación. Evite utilizar cifras no confirmadas. Redondear no quiere decir adivinar las cifras desconocidas. La interpolación no da legitimidad a la extrapolación. Sienta el orgullo de saber que las tablas que acompañan su trabajo escrito son nítidas, exactas, completas, concisas, sencillas y claras.

CAPÍTULO X

TECNICAS DE REDACCION Y PRESENTACION DEL TRABAJO

Una vez obtenida toda la documentación pertinente y necesaria, y tras de haber ordenado sus notas, el investigador procederá a redactar el producto de su investigación.

La tarea de redacción es quizás la fase más exigente de todo el proyecto de investigación, por ser la etapa en que va a exponer por escrito los logros del estudio, impartiendo a los datos su estilo particular. Esta situación supone que el investigador proceda con fluidez, precisión, unidad y claridad en la expresión escrita.

La redacción comienza con la composición de un borrador donde se trace la obra a grandes rasgos, siguiendo las sugerencias y la trayectoria que marque el bosquejo. La atención en esta etapa debe girar mayormente en torno a la substancia del contenido, *i. e.*, al caudal de datos, ideas e inferencias que el bosquejo de trabajo va precipitando; y se aplazan las consideraciones de forma y estilo para más tarde. Esto no significa, naturalmente, que el investigador comience a redactar en forma descuidada. Por lo contrario, debe tratar de hacerlo de la mejor forma posible, siempre que no constituya una barrera que desvíe el proceso de discusión e interpretación del material. Esto quiere decir que cuando el redactor del trabajo se vea obstaculizado por falta de vocablos que definan sus ideas con la mayor precisión, o si no acierta a construir las oraciones como desea, no debe preocuparse por dar el toque final a la expresión, sino que debe adoptar varias alternativas y proseguir con el borrador. Luego, en la etapa de revisión, se encontrará en mejores condiciones para seleccionar la palabra, frase, secuencia, etc., más ajustada al marco general de su trabajo.

Una consideración primordial en torno al contenido de esta primera etapa es que la discusión e interpretaciones deben circunscribirse a los hechos. Un trabajo de naturaleza objetiva, como lo es todo proyecto de investigación, debe de estar limpio de toda clase de apasionamientos y prejuicios. Las críticas deben revelar una tonalidad de buen gusto, formularse con una actitud científica y en forma constructiva y desprovista de subjetivismos.

REVISION

Una vez concluido el borrador, el investigador procederá a perfeccionarlo. Para ello será necesario hacer dos revisiones, a saber: una revisión inicial dedicada al contenido, y una segunda revisión destinada a perfeccionar el estilo.

En la primera se impone un análisis metódico del borrador, evaluando la información que en él se presenta. Deberá tenerse siempre en cuenta que el objetivo principal de la exposición es presentar al lector lo más concretamente posible los logros de la investigación.

Es muy probable que en esta etapa el investigador decida eliminar, alterar o cambiar de sitio párrafos, secciones y aún capítulos enteros. La aparente belleza de un párrafo o una oración no debe detenerlo, si no responde a un objetivo válido. Acortar y eliminar partes es cosa corriente, como también lo es el hecho de que el trabajo final se reduzca en tamaño, si se le compara con el borrador. Conviene mantenerse siempre muy alerta para que la exposición tenga carácter científico; han de presentarse los datos bien documentados y las ideas han de formularse lógicamente. Conviene no echar en olvido que deben superarse cuantos obstáculos interfieran con los principios de claridad, coherencia y precisión.

La segunda revisión deberá dedicarse exclusivamente a consideraciones de estilo. Este debe reflejar naturalidad, evitando las rimbombancias y el artificio; debe usarse un tono impersonal. Una buena redacción deberá responder a una ordenación en la presentación del material que denote sobriedad por parte del investigador, pero que, al mismo tiempo, no carezca de vigor y colorido.

Al hacer estas consideraciones el investigador deberá dedicar especial atención al vocabulario. Este deberá ser claro y exacto. Todos los términos técnicos o peculiares deben definirse para que no haya ambigüedad. Si se usan modismos, o sea, vocablos exclusivos de un grupo o localidad específica, debe explicarse su significado, así como las palabras en otros idiomas. Estas deberán usarse únicamente cuando sean indispensables. El vocabulario, al igual que el estilo en general, deberá estar en consonancia con la capacidad intelectual de los lectores.

El investigador tiene la obligación de presentar el trabajo purgado de errores gramaticales. Cada oración debe expresar ideas completas y contener todos sus elementos, *i. e.*, sujeto, predicado, cláusulas y frases modificadoras, en el orden correspondiente. Los nombres, pronombres y artículos deben reflejar la persona y el género aludidos. Los verbos deben conjugarse correctamente; los adverbios y adjetivos deben colocarse cerca de las palabras que modifiquen. Las conjunciones y preposiciones deben revelar la relación exacta que se desee establecer entre los distintos elementos de la oración.

Deben usarse el mismo tiempo, persona y voz gramatical en todo el estudio. Es preferible escribir en tiempo pasado para que el lector tenga la sensación de estar leyendo algo que ya ha sido comprobado. Asimismo, el uso de la tercera persona le da carácter impersonal a la exposición. No es recomendable el tono coloquial en esta clase de trabajo. Los pronombres "yo", "usted" y "mi", deben aparecer únicamente en citas directas o en otras situaciones que no se refieran al autor o al lector.

La distribución del material por medio de párrafos en forma lógica es una técnica fundamental de redacción. Cada párrafo plantea una idea principal y varias ideas subordinadas o suplementarias. La idea central debe mencionarse, preferiblemente, en la oración inicial y resumirse en la que cierra el párrafo.

Las oraciones no deben ser demasiado largas porque pueden resultar confusas y tediosas, sin inferirse de lo anterior que todas deben ser cortas por pura formalidad, ya que ello revelaría cierta pobreza en la expresión. Debe más bien alternarse la longitud, para evitar así la monotonía que causaría uno de los dos extremos. Los párrafos tampoco deben ser muy extensos. Una de sus funciones principales es aminorar el cansancio que puede producir la lectura continua, facilitando pausas oportunas; y si se hacen demasiado largos se vicia esa función tan importante. La pausa que también producen los intervalos entre párrafos da tiempo para evaluar lo que se acaba de leer. A la terminación de la lectura de un párrafo, debe tenerse la sensación de haber captado una unidad de ideas.

En la labor de revisión es imprescindible que el investigador disponga de las facilidades que ofrecen los diccionarios (de definiciones, de anglicismos, de sinónimos, etc.), algún manual de composición y/o de gramática, y un manual de estilo.

LA ETICA DEL INVESTIGADOR

Durante el proceso de investigación y de presentación del trabajo, el estudioso debe saber que tiene que mantenerse dentro de las normas de responsabilidad y moderación que requiere la ética. Un investigador debe ser honesto consigo mismo, con sus colegas y con sus lectores, tanto en la etapa de la investigación en sí, como en la etapa de redacción del trabajo.

Responsabilidad ante los colegas

Un investigador debe tener siempre presente la labor de sus colegas y no debe repetir estudios que han sido realizados con anterioridad. De hacerlo, deberá estar seguro de que realmente puede ofrecer un nuevo punto de vista del problema.

Al usar fuentes de referencia, deberá mencionarse el autor correspondiente, es decir, que nadie tiene derecho a atribuirse datos, ideas o comentarios ajenos. De esta suerte, confirmará la originalidad de su estudio, suministrando al lector referencias exactas relativas a todas las fuentes donde se ha documentado.

Copiar en un trabajo información que aparezca en una obra (o la obra en su totalidad) propiedad de un autor, sin citar a la otra parte y obtener el permiso autorizado de ésta si la información es substancial, constituye plagio —un delito castigado por ley. Se considera plagio, no sólo el copiar la información *verbatim,* sino parafrasear los datos, cuando la información es original y substancial, sin contar para ello con la autorización necesaria o sin hacer alusión al autor en la disertación.

Derecho de propiedad literaria

En los Estados Unidos por mandato constitucional, se "fomenta" el progreso de la ciencia y de las artes útiles, garantizando por tiempo limitado a los autores e inventores el derecho exclusivo a sus respectivos escritos e inventos [1]. A virtud de esta disposición se aprobó por el Congreso la ley de derecho de propiedad [2], aplicable a los Estados Unidos y a todos sus territorios, que garantiza la potestad absoluta del autor sobre las obras cuyo derecho de propiedad ha establecido. Este derecho puede estar explícitamente establecido en las oficinas federales correspondientes, mediante trámites para registro de propiedad hechos por la parte interesada, si la obra ha sido publicada; o bien, puede estar implícitamente reconocido por la Ley como derecho de propiedad, para obras no publicadas aún. La Ley reconoce y protege el derecho de propiedad no sólo para libros, sino también para revistas, artículos, conferencias, dramas, discursos, sermones, dibujos, mapas, piezas musicales, periódicos, etc. [3].

Esta ley de propiedad literaria dispone que incurre en plagio toda persona que tome una obra de un autor o parte de ella y la haga pasar como producto de su imaginación; y al efecto, provee penalidades para los infractores. Sin embargo, los límites precisos del plagio no están establecidos. Esta área de penumbra, dentro de la ley, debe ser ajustada a las normas de buen gusto y honestidad intelectual por parte del investigador.

---

1. *Constitution of the United States of America,* Art. I, Sec. VIII (8). Traduccion oficial.
2. *Ley Núm. 349* del 4 de marzo de 1909, "an act to amend and consolidate the acts respecting copyright" 35 *U.S. Stat at L.* 1075-1078. Vea el texto de la ley actual en 17 *U.S. Code,* págs. 3157-3186.
3. Hay algunos escritos cuyo derecho de propiedad literaria no puede ser registrado —tales como noticias, hechos históricos o científicos, material que originalmente fue de conocimiento público, literatura fraudulenta, etc.

Este no debe arriesgar su prestigio aventurándose a violar las normas de ética literaria. Para asegurarse de que está actuando correctamente, es recomendable que solicite por escrito a la persona o institución que conserva los derechos sobre la obra, el permiso correspondiente, si desea hacer citas directas o parafraseos tomados de su contenido. La experiencia es que éstas son muy generosas en otorgar el permiso solicitado. Tienen el convencimiento de que dichas citas suelen beneficiar al autor y a la obra citada.

El mejor indicio del celo y de la determinación del investigador para preservar la autenticidad de su trabajo, libre de toda sospecha de plagio, es hacer referencia a los autores y a las fuentes que ha utilizado en su trabajo. La bibliografía final y las notas al calce exactas, verídicas y precisas eliminarán toda duda al respecto, descartando los peligros de plagio, a la par que darán constancia de su integridad intelectual.

Reconocimiento a los colaboradores

Cuando un proyecto se realiza bajo la supervisión de un investigador que lo dirige, éste, al redactar el proyecto, debe dar noticia de la labor del grupo de investigadores a su cargo, siempre que las circunstancias lo permitan. La ayuda que reciba en la labor de redacción también debe ser reconocida.

Ningún investigador deberá aparecer como autor de un proyecto, si en realidad no ha tomado parte en él. Por otra parte, todos los autores deben ser mencionados, dándosele a cada cual la categoría merecida.

Responsabilidad ante los lectores

Todo investigador es responsable de dar a conocer a sus lectores las falacias, errores, inconsistencias y fraudes que haya descubierto en otros estudios. Pero si no se siente capacitado para formular este tipo de crítica, debe abstenerse, pues sus declaraciones contribuirán a formar opinión pública, por lo que debe ofrecerse sólo la información de calibre.

Por esta misma razón, el investigador está obligado a constatar los datos que presenta en su estudio y asegurarse que las conclusiones que presenta son correctas.

RETOQUE FINAL

Antes de dar por terminada la redacción del trabajo, se revisará la obra minuciosamente, por última vez, en busca de repeticiones, incongruencias, lagunas, redundancias y errores gramaticales que puedan haberse escapado en revisiones anteriores.

PRESENTACION [1]

La tarea del proyecto de investigación alcanza su punto culminante con la presentación de la obra realizada en un documento ameno, limpio y bien ordenado. Una presentación pulcra y metódica del trabajo estimula su lectura y ha de causar una im-

1. Las reglas que se discuten bajo esta sección aparecen ilustradas con ejemplos al final del capítulo.

presión favorable en el lector. Como reverso de la medalla, los efectos nocivos de una presentación descuidada pueden afectar decisivamente la actitud del lector, al extremo de infundir dudas sobre la validez del trabajo, desalentando la lectura y fomentando sospechas en cuanto a la capacidad del investigador.

El papel

El papel seleccionado debe ser de tamaño y calidad uniformes. Resulta contrario a las normas de buen gusto presentar un trabajo en papeles de distinto tamaño o de distinta clase.

Por regla general se recomienda. para trabajos hechos en maquinilla, el papel "bond" de tamaño 8 1/2 x 11 pulgadas, escribiéndose sólo por una carilla del papel.

Para copias adicionales del trabajo se utiliza papel cebolla, ya que por ser de muy poco espesor es posible obtener más ejemplares.

Márgenes

Cada página del estudio debe tener un margen de 1 1/2 pulgada en el lado izquierdo y en la parte superior del folio. En el margen derecho e inferior del folio; una pulgada será suficiente. Páginas tales como la página de título, la de aprobación y las de título de las distintas secciones de referencia (*i. e.*, de apéndice, de bibliografía, etc.) llevan márgenes mayores a los de las otras páginas de la obra. Vea el modelo, página 175.

Paginación

Debe haber secuencia y uniformidad en la numeración de las páginas de la obra. Las siguientes reglas deben regir la numeración de cada página:

1. Se le da numeración continua, por medio de números romanos pequeños, a las páginas que componen las secciones preliminares del trabajo. Las secciones preliminares son: (1) la página de título, (2) el prefacio, (3) la tabla de contenido y (4) las listas de tablas e ilustraciones. Se coloca cada número junto al margen inferior de la página, centralizado. La página de título no lleva número, pero se cuenta para la numeración.

2. Se le da numeración continua, por medio de números arábigos, a las páginas del texto y de todas las secciones de referencia. Las secciones de referencia comprenden: (1) glosario, (2) apéndices, (3) bibliografías e (4) índice.

   El número se coloca a una pulgada del borde superior del papel con la excepción de las páginas donde comienzan los capítulos y las secciones de referencia, que llevarán el número arábigo en el margen inferior, centralizado. Las páginas de título de las secciones de referencia no llevan número, pero se cuentan para la numeración.

   Vea el modelo de paginación, pág. 176.

Limpieza y corrección

Si se va a escribir el trabajo a máquina, las siguientes sugerencias pueden ayudarle a que la presentación resulte lo más esmerada posible:

1. Hay gran número de modelos de máquinas de escribir, pero casi todas tienen una de dos variedades de tipo —el tipo pica (grande) o el tipo elite (pequeño). Debe usarse un mismo tipo para todo el trabajo.

2. Debe mantenerse la máquina completamente limpia. Los tipos deben limpiarse con regularidad.

3. Debe mantenerse una cinta en buenas condiciones en todo momento. Dicha cinta debe emitir una impresión sólida y uniforme. Para evitar manchas y borrones, antes de comenzar a usarla, deben escribir algunas líneas en otro papel hasta eliminar el exceso de tinta que pueda tener.

4. Si es necesario borrar, hágase con sumo cuidado de no dejar huella en el papel. Si hay copias, proteja cada copia mientras borra, de manera que no vayan a mancharse con la huella del papel carbón. No se olvide de borrar los errores en las copias.

Hoja de guía [1]

El modelo que aparece en la página 177 es una hoja de guía para la mejor orientación del investigador en la presentación de su trabajo. El marco trazado en dicha hoja señala el espacio que normalmente debe usarse para escribir en cada página. La hoja de guía indicará al mecanógrafo el sitio exacto del papel por donde va escribiendo, lo que le permitirá parar a tiempo y dejar el espacio suficiente de margen. También le indicará dónde debe trazar la línea y colocar las notas al calce que haya que incluir en determinada página. No debe incluirse en cada página más del equivalente de 25 líneas a doble espacio. La numeración al margen derecho de la hoja guiará al mecanógrafo al respecto, y servirá de guía para colocar las notas al calce.

Si por casualidad el mecanógrafo se ve forzado a extenderse más allá de la línea número 25, según señala la hoja de guía, no debe usar más de un espacio adicional.

Haga un modelo de esta hoja de guía en un papel bien fino (puede utilizarse papel cebolla); marque los números y las líneas, preferiblemente con tinta roja o negra bien oscura. Luego inserte la hoja de guía entre la página original y la primera hoja de papel carbón (o simplemente detrás del original, si no hay copias), teniendo en cuenta que quede de frente. Cuadre bien las hojas antes de insertarlas en la maquinilla para mayor efectividad de la hoja de guía.

Partes de un trabajo escrito

El trabajo final debe quedar redactado según el orden aquí establecido para sus partes componentes:

1. Página de título
2. Página de aprobación (si se trata de una tesis)
3. Prefacio o prólogo y reconocimiento
4. Indice general o tabla de contenido

---

1. El investigador puede conseguir papel carbón con los espacios señalados y éste hará las veces de la hoja de guía. El modelo de la hoja de guía ha sido tomado del libro de WILLIAM GILES CAMPBELL, *A Form Book for Thesis Writing* (Nueva York: 1939), pág. 63.

5. Lista de tablas (si las tiene)

6. Lista de mapas o ilustraciones (si los tiene)

7. El texto —comenzando con un capítulo introductorio y finalizando con uno de conclusiones y/o recomendaciones

8. Apéndices (si los tiene)

9. Glosario

10. Bibliografía

11. Indice temático o índice de materias

Sugerencias específicas sobre la presentación de las partes[1]

No pueden darse reglas fijas sobre la presentación de las diversas partes del trabajo escrito, ya que esto varía de acuerdo con el gusto y estilo del escritor, y de acuerdo con las exigencias de la institución o de las personas responsables de la misma. Se presentan, por lo tanto, varios modelos a manera de ilustración en las páginas 173-186. A continuación algunas sugerencias:

Página del título

Cuando el trabajo que se presenta es una tesis requerida para la obtención de un grado académico, la institución respectiva dictará las normas para la redacción de esta página[2]. Generalmente se requiere el título del trabajo, la facultad a que se presenta, el grado para el cual se somete, el nombre del candidato y el mes y el año en que se otorgará el grado.

El título del trabajo debe representar la tesis central del estudio. Si el título que se escoge no da una idea completa de lo que el estudio comprende, puede incluirse un subtítulo que complete la idea.

(Vea los modelos de páginas de título en las páginas 178-180.)

Página de aprobación

La página de aprobación es un requisito para las tesis. En ella se incluyen los nombres de las personas autorizadas por la institución a evaluar, corregir y aprobar la disertación. (Vea el Modelo F, pág. 181.)

Prefacio o prólogo

La próxima parte la constituye el prefacio o prólogo, seguido de las manifestaciones de reconocimiento. En éste se hace constar el propósito del estudio, las hipótesis que van a desarrollarse, el enfoque que se le va a dar y su utilidad y recomendaciones sobre el uso de la obra. Se explican los métodos utilizados en la investigación y su justificación. Se mencionan, además, los nombres de las personas o instituciones que hayan cooperado

---

1. Vea la descripción de lo que corrientemente se incluye en las diversas partes de un libro en las págs. 60-61, *supra*.
2. La Escuela de Administración Pública de la Universidad de Puerto Rico aprobó un Reglamento de Tesis para los estudiantes que desean tomar el grado de Maestro en Artes en Administración Pública. Vea copia de dicho reglamento en el Apéndice A, págs. 203-206.

en alguna fase de la preparación del trabajo. En trabajos cortos este reconocimiento deberá ser breve y sencillo. El investigador debe indicar que asume responsabilidad total por todos los errores de contenido o de apreciación que pueda haber en su disertación.

Esta sección comienza en página aparte; el título PREFACIO o PROLOGO va en mayúsculas, centralizado al margen superior de la primera página de ésta (9 espacios o pulgada y media). Como todas las secciones preliminares, va numerada en números romanos pequeños, al margen inferior de cada página.

Indice general

El índice general sigue al prefacio. Este se elabora después de terminado el trabajo y aparecerán en él los títulos de las diversas partes de la obra, sus capítulos y subdivisiones, mencionándose las páginas en que comienzan a tratarse.

A. El título INDICE GENERAL debe ir en letras mayúsculas y a pulgada y media (9 espacios a máquina) del borde superior del papel. Debe ir centralizado.

B. Se deja media pulgada (3 espacios a máquina) entre el título y la primera línea escrita.

C. La columna de la numeración de los capítulos y la de las páginas deben ir debidamente identificadas por la palabra "CAPITULO" y "PAGINA". los respectivos números se arreglan de la siguiente manera:

	PAGINA
PREFACIO	ii
CAPITULOS	
I.	1
II.	10
III.	20
IV.	25

D. Los temas principales, esto es, los títulos de las secciones preliminares, de los capítulos y de las secciones de referencia van en letras mayúsculas. Los subtítulos van con letra minúscula, excepto la primera letra de su primera palabra y de sus nombres propios.

E. Se deja doble espacio entre los temas principales y entre los de segundo orden; se deja espacio sencillo entre los subtemas de segundo y tercer orden.

F. Los subtítulos se sangran a cinco espacios del subtítulo anterior.

G. Los nombres de las secciones preliminares, así como las de referencia, se comienzan al margen y no llevan numeración.

Cuando un título no ocupa toda la línea, ésta se completa por medio de puntos suspensivos hasta el final de la misma, siendo de advertir que cada punto se alterna con un espacio para evitar que la página dé una impresión de aglomeración. Para que este juego alternado de puntos y espacios no sea causa de frecuentes errores, debe ejercerse gran cuidado a fin de garantizar el debido alineamiento vertical de los puntos en las líneas sucesivas. De lo contrario, la buena apariencia general de la página desmerecerá notablemente. El alineamiento adecuado se logrará si el primer punto de cada línea se empieza siempre en un mismo género de espacio en la maquinilla, es decir, en un espacio de número non o en un espacio de número par. Si se forma el hábito de empezar cada línea con un espacio par, la correspondiente alternación de punto y espacio hará que todos los puntos caigan en espacios pares y así se logrará la apariencia ordenada que se desea[1].

Vea el modelo de la página 182.

Lista de tablas

La lista de tablas, gráficas, ilustraciones, etc., será la próxima sección. Esta lista es un índice de las tablas, gráficas e ilustraciones que el autor ha usado en el texto para probar sus diversos puntos de investigación. Se usarán números arábigos para identificar las mismas y se incluirán los títulos con letra minúscula, a excepción de la primera letra de la primera palabra, y los nombres propios. El título central (LISTA DE TABLAS) debe ir centralizado en mayúsculas, a pulgada y media del borde superior del papel. Vea el Modelo, página 183.

Cuerpo de la obra

Luego de las secciones preliminares, se entra de lleno en el cuerpo de la obra. Este debe aparecer dividido en capítulos. Cada capítulo tendrá su título general y estará subdividido en secciones particulares. El primer capítulo debe ser una introducción al estudio, un marco general que sirva de base a la tesis que se va a desarrollar. Este suele llevar el título de "Introducción", aunque ello no tiene que ser siempre así. Cada capítulo puede llevar conclusiones, si así se desea. El capítulo final es de observaciones generales y de conclusiones y recomendaciones del autor. En él se establece la posición del autor, en cuanto a los resultados y las proyecciones de la investigación realizada.

El texto del trabajo debe ir a doble espacio, con la excepción de las citas directas que ocupen más de tres líneas en el mismo, las que irán sangradas de ambos márgenes, a espacio sencillo, y sin comillas. Vea modelo en la página 184.

Cada capítulo debe empezar en una nueva página.

Debe dejarse un cuarto de pulgada (espacio y medio) entre el número del capítulo y su título, y media pulgada (tres espacios) entre el título y la primera línea del cuerpo.

---

1. CAMPBELL, *op. cit.*, pág. 52, citado por BAUMEISTER, *op. cit.*, pág. 15.

Debe dejarse el equivalente de tres espacios a máquina entre subtemas, y también doble espacio entre los títulos de subtemas de primero, segundo y tercer orden y sus respectivos cuerpos.

Vea el Modelo I, página 184.

Los títulos de los capítulos aparecerán centralizados y escritos en mayúscula. El resto de los títulos podrán ordenarse a discreción siempre que se siga una forma uniforme como, por ejemplo, centralizar todos los subtítulos de primer orden, subrayar y poner al margen los de segundo orden, y sangrar los de tercero y cuarto a cinco espacios.

Cada párrafo comienza sangrado a cinco espacios del margen izquierdo de la página.

Secciones de referencia

Cada sección de referencia debe ir precedida por una página de título. Dicha página debe contener en el centro el nombre de la respectiva sección (e. g., BIBLIOGRAFIA, GLOSARIO, etc.) en mayúsculas, y la primera página de cada sección también debe estar debidamente identificada con el título, centralizado a, por lo menos, nueve espacios (pulgada y media) del borde superior del papel.

Los apéndices, si los hay, se incluyen inmediatamente después del texto. En ellos aparecerá material suplementario, que puede consistir de copias de leyes, reglamentos, cartas, formularios, tablas estadísticas, mapas, etc., Los apéndices, de haber más de uno, pueden identificarse con letras mayúsculas o con títulos. Debe hacerse referencia en el texto a dichos apéndices. Para trabajo altamente técnico, con mucha terminología peculiar o difícil, debe incluirse un glosario explicativo.

La bibliografía o lista de fuentes que el investigador ha consultado a través de todo el trabajo, se colocará luego de los apéndices y/o del glosario. Finalmente se incluirá el índice de materias, que comprenderá, desglosados en orden alfabético, el contenido del estudio, además de los nombres, sitios y términos importantes mencionados. Junto a ellos, el número de la página o páginas donde se les menciona. No es necesario incluir índice de materias en trabajos cortos.

Vea los ejemplos de las secciones de referencia, páginas 185, 186.

MODELOS

MODELO A: MARGENES

MODELO B: PAGINACION

Página de título	INDICE GENERAL PREFACIO INTRODUCCION vi	CAPITULO I (primera pág. del texto) 1	2 Segunda página del texto y páginas sucesivas
no lleva número pero se cuenta para la numeración	número romano en minúsculas, centralizado en el borde inferior	número arábigo, centralizado en el margen inferior	número arábigo a una pulgada del borde superior del papel, en el margen derecho
CAPITULO II (y capítulos sucesivos) 25	APENDICES	APENDICE A 75	BIBLIOGRAFIA
número arábigo, centralizado en el margen inferior	no lleva número pero se cuenta	número arábigo, centralizado en el margen inferior	no se numera pero se cuenta para la numeración
BIBLIOGRAFIA ESCOGIDA 105	106 Segunda pág. y páginas sucesivas de la bibliografía	INDICE TEMATICO	INDICE TEMATICO Primera página del indice 120
número arábigo al margen inferior, centralizado	número arábigo a una pulgada del borde superior, en el margen derecho	no se numera pero se cuenta	número arábigo a media pulgada del borde inferior

Papel 8-1/2" x 11"

MODELO C: HOJA DE GUIA

(Vea la página 168 para instrucciones sobre el uso de esta página de guía.)

Papel 8-1/2" x 11"

MODELO D: PAGINA DE TITULO DE UNA TESIS

UNIVERSIDAD DE PUERTO RICO
COLEGIO DE CIENCIAS SOCIALES
ESCUELA DE ADMINISTRACION PUBLICA

(10 espacios a máquina)

LA ASOCIACION DE MAESTROS DE PUERTO RICO
COMO GRUPO DE PRESION

(10 espacios)

Disertación presentada como uno de los requisitos para el grado de
Maestro en Artes en Administración Pública

(10 espacios)

Por

Luis Riefkohl Cádiz
(B. A. Universidad de Puerto Rico, 1942)

mayo, 1957

Papel 8-1/2" x 11"

MODELO D1: PAGINA DE TITULO DE BOSQUEJO

UNIVERSIDAD DE PUERTO RICO
COLEGIO DE CIENCIAS SOCIALES
ESCUELA DE ADMINISTRACION PUBLICA

(10 espacios a máquina)

LA ASOCIACION DE MAESTROS DE PUERTO RICO
COMO GRUPO DE PRESION

(10 espacios)

Bosquejo para el Curso Técnicas de Investigación
(A. P. 439), Profesora: Irma García de Serrano

(10 espacios)

Por

Luis Riefkohl Cádiz

mayo, 1957

Papel 8-½" x 11"

MODELO E: PAGINA DEL TITULO DE UN ENSAYO

UNIVERSIDAD DE PUERTO RICO
COLEGIO DE CIENCIAS SOCIALES
ESCUELA DE ADMINISTRACION PUBLICA

(10 espacios)

PERSPECTIVAS EN PUERTO RICO

DE UN

PRESUPUESTO POR PROGRAMAS

(10 espacios)

Ensayo para el Curso de Presupuesto y Administración Financiera
(AP 437), Profesor: Justino Díaz Morales

(10 espacios)

Por

Rafael A. Serra

3 de mayo de 1956

Papel 8-$^1/_2$" x 11"

MODELO F: PAGINA DE APROBACION

Aprobada por:

Consejero ________________________________
Nombre y título

Lector ________________________________
Nombre y título

ii

Papel 8-1/2" x 11"

MODELO G: INDICE GENERAL

INDICE GENERAL

iv

Papel 8-1/2" x 11"

MODELO H: LISTA DE TABLAS

LISTA DE TABLAS

LISTA DE ILUSTRACIONES

v

Papel 8-1/2" x 11"

MODELO I: CUERPO DE LA OBRA

CAPITULO I

TEORIA GENERAL

(3 espacios)

Subtema

(2 espacios)

(3 espacios)

Subtema

(2 espacios)

1

Papel 8-1/2" x 11"

MODELO J: BIBLIOGRAFIA

BIBLIOGRAFIA ESCOGIDA

LIBROS

DOCUMENTOS

REVISTAS

OTRAS FUENTES

105

Papel 8-½" x 11"

MODELO K: INDICE DE MATERIAS

INDICE DE MATERIAS

CAPÍTULO XI

BIBLIOGRAFIA FINAL

DEFINICION Y PROPOSITOS

La bibliografía final es una lista de referencias sobre un tema específico que contiene el nombre completo del autor de la obra, el título de la misma, los datos de publicación y el número total de volúmenes y páginas de que consta la obra. Además de incluir libros y otros documentos (impresos, o en manuscrito), la bibliografía suele mencionar regularmente referencias personales (entrevistas, cartas, cuestionarios, etc.), bajo un subtítulo denominado *Otras Fuentes*. La bibliografía puede encontrarse a la terminación de cada capítulo o grupo de capítulos que forman una unidad, o al final de la obra. Como regla general, para ensayos, tesis o disertaciones doctorales, se coloca la bibliografía al final de la obra.

Por medio de la bibliografía el lector encontrará agrupados en un solo sitio, la información pertinente sobre todas o la mayor parte de las publicaciones relacionadas con el estudio.

CLASES DE BIBLIOGRAFIAS

La bibliografía puede ser:

a. Bibliografía Anotada

b. Bibliografía Escogida

c. Bibliografía de Obras Citadas

d. Bibliografía de Obras Citadas y de otras Fuentes Consultadas.

La *bibliografía anotada* consiste de una lista de las obras consultadas y citadas en la obra, que contiene además, comentarios del autor sobre la utilidad de las mismas.

La *bibliografía de obras escogidas* consiste de una lista de obras seleccionadas por el autor de entre todas las fuentes disponibles porque, a su juicio, son las mejores sobre el tópico discutido. La bibliografía tiene necesariamente que incluir todos los libros que aparecen citados en la obra, en las notas al calce.

La *bibliografía de obras citadas* consta únicamente de los libros que se mencionan en el texto en citas (directas o indirectas) y en las notas al calce de la obra.

La *bibliografía de obras citadas y de otras fuentes consultadas* es la más general de todas, ya que en ella se mencionan todas las referencias utilizadas por el autor.

ORDENACION DE LA BIBLIOGRAFIA

La bibliografía puede ordenarse de varias formas, de acuerdo con la importancia que se desee dar a la misma y de acuerdo con lo extenso de ella.

Por el tipo de material

Cuando el tema de una bibliografía es limitado, pero las clases de referencia son numerosas, es conveniente usar el tipo de publicación como base para ordenación. Se prepararán listas, en orden alfabético por autor, agrupadas de acuerdo con la clase de publicación, tales como libros, ensayos, artículos de revistas, poemas, obras inéditas, documentos públicos, periódicos, bibliografías, etc. (Vea el ejemplo en la pág. 189.)

Por temas

Cuando la bibliografía es numerosa y cubre varios temas es conveniente utilizar, como base para la clasificación, los títulos y subtítulos que se tomaron en consideración para el análisis del tema.

Conviene preparar listas, en orden alfabético, de acuerdo con los temas, títulos y subtítulos, discutidos en la obra donde se incluye la bibliografía, o de acuerdo con los temas de los libros mencionados en la misma, tales como planificación, presupuesto, tratados generales de ciencias políticas, libros y artículos sobre la metodología de la administración pública, etc. (Vea el ejemplo en la página 191.)

Por orden alfabético

Si la bibliografía es corta, debe utilizarse el orden alfabético como base para la clasificación. Se preparará la lista en orden alfabético, por el autor de la publicación, excepto el material que se clasifica bajo otras fuentes. (Vea el ejemplo en la página 192.)

Por país o región

Cuando el estudio correspondiente a la bibliografía subraya la importancia de los problemas de ciertas áreas regionales, es conveniente utilizar la región como base para la clasificación. Así, por ejemplo, puede clasificarse por orden alfabético y por temas, bajo los nombres de las regiones. (Vea el ejemplo en la página 193.)

Por fechas

Cuando el tema se ha dividido en épocas históricas de gran significación, o cuando es sobre un solo autor o de un solo aspecto de la literatura, la bibliografía puede ordenarse cronológicamente, por las fechas de los temas o por las fechas de publicación de los datos que se consideren. (Vea los ejemplos en la página 194.)

EJEMPLO I: Bibliografía ordenada por tipo de material

BIBLIOGRAFIA

Libros

Muñoz Amato, Pedro. *Administración pública*. México: Fondo de Cultura Económica, 1954. 260 págs.

Serrano Geyls, Raúl y Roberto Rexach Benítez. *Un sistema de elecciones primarias para Puerto Rico*. San Juan, P. R.: Ediciones de la Universidad de Puerto Rico, 1955. 135 págs.

Revistas

Cordero, Rafael de J. "Algunos factores económicos en el problema político de Puerto Rico". *Boletín de Comercio*. I (enero-febrero, 1944), 1-85.

Recaséns Siches, Luis. "La contribución alemana a la sociología". *Revista Mexicana de Sociología*. Vol. XVIII. Núm. 2 (mayo-agosto, 1956). Págs. 267-295.

Documentos

Organización de las Naciones Unidas. Comisión de Energía Atómica. *Segundo Informe al Consejo de Seguridad*. 11 de septiembre de 1947. ABC/26; S/55. Nueva York: 1947. 108 págs.

28

EJEMPLO 8 (Cont.): Bibliografía ordenada por tipo de material

29

Periódicos

El Mundo (San Juan, P. R.). 19 de septiembre de 1957. Págs. Edición final.

Otras Fuentes

Entrevista personal con el Sr. Armando Rivera, Jefe, Sección de Contaduría del Departamento de Trabajo de Puerto Rico. 14 de febrero de 1957. Asunto: la organización y funcionamiento de su sección.

EJEMPLO II: Bibliografía escogida por temas [1]

BIBLIOGRAFIA

TEORIA GENERAL

El ámbito, la metodología y los fines de la administración pública

Garrido Falla, F. "La administración y la ley". *Revista de Administración Pública*. Vol. II. Núm. 6 (sept.-dic., 1951). Págs. 125-142.

Jordana de Pozas, Luis. "El problema de los fines de la actividad administrativa". *Revista de Administración Pública*. Vol. II. Núm. 4 (enero-abril, 1951). Págs. 11-28.

Aplicación de principios generales de administración pública

Díez del Valle, Manuel. *La administración pública en Cuba*. La Habana: Editorial Ley, 1953. 102 páginas.

Muñoz Amato, Pedro. *La educación de los servidores públicos, experiencias en Puerto Rico y su significación para la América Latina*. San Juan, P. R.: Escuela de Administración Pública, Universidad de Puerto Rico, 1952. 22 págs.

20

1. Tomada del libro de PEDRO MUÑOZ AMATO, *Introducción a la administración pública* (México: 1954), pág. 249.

EJEMPLO III: Bibliografía por orden alfabético

BIBLIOGRAFIA

Amadeo, Santos P. "El Habeas Corpus en Puerto Rico". 17 *Revista Jurídica de la Universidad de Puerto Rico* 1-100 (1947).

Ayala, Francisco. *El problema del liberalismo*. México: Fondo de Cultura Económica, 1941. 107 págs.

Barreto, Emilio G. *Los problemas monetarios de la post-guerra*. México: Fondo de Cultura Económica, 1945. 197 págs.

Cuesta Mendoza, Antonio. *Historia de la educación en el Puerto Rico colonial, 1508-1821*. 2 vols.; México: Imprenta Manuel León Sánchez, 1946. Vol. I, 434 págs.

Otras Fuentes

Entrevista personal con el Dr. Pedro Muñoz Amato, Decano del Colegio de Ciencias Sociales de la Universidad de Puerto Rico. 21 de junio de 1953. Asunto: conseguir información sobre su participación en la Convención Constituyente de Puerto Rico.

32

EJEMPLO IV: Bibliografía comparada ordenada por país o región

BIBLIOGRAFIA

Canadá

Cole, Taylor, *Canadian Bureaucracy.* Durham, N. C.: Duke University Press, 1949. 292 págs.

Dawson, R. M. *The Government of Canada.* Toronto: University of Toronto Press, 1947. 662 págs.

Grecia

Colman, William C. "Civil Service Reform in Greece". *Public Personnel Review.* X (abril, 1949). 86-93.

Puerto Rico

Muñoz Amato, Pedro. *La educación de los servidores públicos, experiencias en Puerto Rico y su significación para la América Latina.* San Juan, P. R.: Escuela de Administración Pública, Universidad de Puerto Rico, 1952. 22 págs.

Reino Unido

Cohen, Emeline W. *The Growth of the British Civil Service, 1178-1939.* Londres: George Allen and Unwin, Ltd., 1941. 221 págs.

26

EJEMPLO V: Bibliografía ordenada por fechas de los temas

BIBLIOGRAFIA

Desarrollo constitucional de Puerto Rico

España. *Carta Autonómica* (1897).

Estados Unidos. *Ley Foraker* (1900).

———. *Ley Jones* (1917).

———. *Ley del Gobernador Electo* (1947).

———. *Ley 600* (1950).

Puerto Rico. *Constitución del Estado Libre Asociado de Puerto Rico.*

23

EJEMPLO VI: Bibliografía ordenada por fechas de publicación

BIBLIOGRAFIA

Pedreira, Antonio Salvador. *Bibliografía puertorriqueña, 1493-1930*. Madrid: Imprenta de la Librería y Casa Editorial Hernando [1932]. 707 págs.

———. *Curiosidades literarias de Puerto Rico*. San Juan, P. R.: Biblioteca de Autores Puertorriqueños, 1939. 48 págs.

———. *Aclaraciones y críticas*. Río Piedras, P. R.: Editorial Phi Eta Mu, Universidad de Puerto Rico, 1941. 266 págs.

———. *Insularismo*, ensayos de interpretación puertorriqueña. 3ra ed.; San Juan, P. R.: Biblioteca de Autores Puertorriqueños, 1946. 211 págs.

———. *El año terrible del 87, sus antecedentes y sus consecuencias*. 3ra ed.; México: Industria Linotipista Editora Mexicana, 1948. 141 págs.

———. *Antología de ensayos*, prólogo de Florentino N. Torner. México: Editorial Orión, 1953. 222 págs.

28

REQUISITOS DE FORMA Y ESTILO

El investigador que ha sido meticuloso cuando confeccionaba sus tarjetas de la bibliografía de trabajo [1] no tendrá dificultad con los requisitos de contenido y puntuación que debe conservar la bibliografía final. Los datos que se encuentran en las tarjetas de la bibliografía de trabajo se pasarán a la lista final en la forma siguiente:

1. Separando la bibliografía final del resto del trabajo escrito debe ir una hoja de título, con la palabra BIBLIOGRAFIA en mayúsculas, colocadá en el centro de la página. A esta página no se le da numeración escrita, aunque se toma en cuenta para la numeración de páginas subsiguientes. (Vea el diagrama en el Ejemplo I A, pág. 198.)

2. Las páginas de la bibliografía se numeran (contando la hoja de título) consecutivamente con el resto de la obra, al margen superior derecho, de igual manera que las páginas del texto, excepto la primera que se numera en el centro del margen inferior.

3. Las dimensiones para los márgenes de las páginas deben ser idénticas a las de las páginas del texto.

4. La primera página del cuerpo lleva el título BIBLIOGRAFIA, centralizado, y a nueve espacios del borde superior del papel y en letras mayúsculas. Cuatro espacios más abajo se incluirá, centralizado, el primer subtítulo de la misma, escribiéndose en letras mayúsculas sólo la primera palabra y los nombres propios. Deje cuatro espacios antes de comenzar subtítulos siguientes. (Vea Ejemplo I B, pág. 199.)

5. Las anotaciones bibliográficas comenzarán a cuatro espacios de los subtítulos o de la letra. Deje dos espacios entre anotaciones. (Vea Ejemplo I B.)

6. La primera línea de una nota bibliográfica comenzará junto al margen izquierdo del papel. Líneas sucesivas continuarán a espacio sencillo, sangradas a ocho espacios del margen izquierdo. (Vea Ejemplo I B.) Líneas que continúen en la siguiente página se sangrarán también a ocho espacios.

7. Si aparecen dos o más obras de un mismo autor, omita el nombre de éste en las referencias siguientes e intercale en su lugar una línea continua que conste de ocho espacios, seguida de un punto. Ejemplo:

   Muñoz Amato, Pedro. (primera mención)

   ————. (menciones siguientes)

   Si fuere necesario seguir incluyendo obras del mismo autor en una nueva página, repita el nombre del autor en la primera referencia de la página siguiente, y luego siga intercalando la línea de ocho espacios según indicado arriba.

1. Vea el Capítulo IV, *supra*, págs. 59-97.

8. Las obras sucesivas de un mismo autor pueden colocarse en orden cronológico, de acuerdo con las fechas de publicación, o por orden alfabético, de acuerdo con el título de la obra.

9. Páginas siguientes a la primera no llevan el título de Bibliografía en el centro, sino que se procede con la anotación, con los mismos márgenes que en la página anterior. (Vea el ejemplo I C, pág. 200.)

EJEMPLO I A: Hoja de título que antecede a la bibliografía

BIBLIOGRAFIA

(Esta página no se numera.)

EJEMPLO I B: Primera página de la bibliografía

(9 espacios)

BIBLIOGRAFIA

(4 espacios)

Subtítulo

(4 espacios)

(espacio sencillo)

(2 espacios entre notas)

(4 espacios)

Subtítulo

(4 espacios)

(Margen Regular)

28

EJEMPLO I C: Páginas siguientes de la bibliografía

29

(9 espacios)

(4 espacios)

Subtítulo

(4 espacios)

APENDICES

APENDICE A

REGLAMENTO PARA LA PREPARACION DE LA TESIS CORRESPONDIENTE AL GRADO DE MAESTRO EN ARTES EN ADMINISTRACION PUBLICA

I. *Requisitos Generales*

Los candidatos para el Grado de Maestro en Artes en Administración Pública habrán de someter a la Facultad una tesis en la que demostrarán conocimientos adecuados y el uso apropiado de las técnicas de investigación científica en alguna rama de esta disciplina. Esta disertación la preparará el estudiante bajo la supervisión de un profesor que actuará como consejero y el cual será designado tan pronto se apruebe el tema de la tesis. El candidato deberá asumir la iniciativa en todas las etapas de la preparación de la misma.

El número de páginas que comprenda la tesis dependerá de la naturaleza del tema seleccionado.

II. *Procedimiento*

1. Tema — El título del tema propuesto para la tesis será sometido por escrito al Comité de Disertaciones de la Escuela Graduada, no más tarde de septiembre 30 del año académico en que el estudiante espera obtener el grado. El título será breve y específico.

Una vez seleccionado el tema no podrá cambiarse sin la autorización del Comité. Cualquier solicitud en este sentido deberá ser recomendada por el consejero del candidato.

2. Segundo Lector — Una vez que se le haya notificado al candidato la aprobación del tema de la tesis, se le asignará la persona que actuará como segundo lector.

3. Bosquejo — El estudiante depositará en la oficina de la Escuela Graduada de Administración Pública, antes del 30 de octubre del año académico en que espera graduarse, un bosquejo detallado del material que discutirá en la tesis. Deberá entregarse una copia adicional al consejero que le fuera asignado.

4. Consultas — El consejero estará a cargo de supervisar la tesis y el candidato deberá consultarlo frecuentemente sobre los detalles de la preparación de la misma.

5. Primera copia — Es requisito presentar dos copias, escritas a máquina a doble espacio, y corregidos sus errores de gramática y maquinilla. La primera copia de la tesis se entregará en la Escuela Graduada en o antes de febrero 15 y se someterá al consejero

para su examen crítico. La segunda copia quedará en depósito en la Escuela Graduada de Administración Pública. Ambas copias se devolverán más tarde al estudiante para que haga las correcciones necesarias. Una vez corregidas de acuerdo con las indicaciones del consejero, se entregará una de las mismas al segundo lector para su consideración y crítica, y la otra quedará depositada en la Escuela Graduada de Administración Pública.

6. Copia final — Un mes antes de los ejercicios de graduación, el candidato deberá depositar en la Escuela Graduada tres copias finales de su tesis, firmadas por el consejero y el segundo lector. No se aceptará ninguna tesis después de esa fecha. El original y una copia serán propiedad de la Escuela Graduada. La tercera copia pasará a ser parte de la Colección Puertorriqueña de la Biblioteca de la Universidad de Puerto Rico.

7. Una vez aceptada la copia final, el candidato se presentará al examen oral, que consistirá en la defensa de la idea central de la tesis.

8. Fecha de Graduación — El grado de Maestro en Artes en Administración Pública se otorgará en la colación de grados que celebra anualmente la Universidad de Puerto Rico. Los requisitos de tesis para el grado de Maestro en Artes en la Administración Pública deberán satisfacerse dentro de un período de dos años a partir de la aprobación de los créditos reglamentarios. Todos los requisitos para el grado deberán satisfacerse dentro de un período de cinco años a partir de la fecha de matrícula inicial.

III. *Formato de la Tesis*

1. Ejemplo de la Página del Título:

UNIVERSIDAD DE PUERTO RICO

COLEGIO DE CIENCIAS SOCIALES

ESCUELA GRADUADA DE ADMINISTRACION PUBLICA

LA SUPERVISION DE LOS EMPLEADOS GUBERNAMENTALES

Disertación presentada como uno de los requisitos para el grado de Maestro en Artes en Administración Pública

por

VICENTE MELENDEZ CRUZ

(B. A., Universidad de Puerto Rico, 1947)

mayo, 1950

2. **Página de Aprobación — Después de la página del título deberá insertarse la siguiente página:**

Aprobada por:

Consejero ....
(Nombre y título)

Lector ....
(Nombre y título)

Es responsabilidad del candidato obtener ambas firmas en las copias finales antes de depositar éstas en la Escuela Graduada.

3. **Tabla de Contenido con títulos y subtítulos y páginas de referencia.**

4. **Lista de Ilustraciones (si son necesarias) con mapas, tablas, gráficas, etc.**

5. **Introducción: debe incluir una definición del problema, el propósito de la tesis y** una descripción de los métodos usados en la investigación.

6. Cuerpo de la tesis.

7. Conclusiones y **Recomendaciones.**

8. **Apéndices.**

9. Bibliografía — debe incluir los títulos de todos los libros, artículos, y otras fuentes de información usados en la tesis. Debe incluirse en la bibliografía el nombre completo del autor; del libro; sitio, casa editora y año; y la edición del mismo. Si el trabajo es una traducción debe así indicarse. La bibliografía debe aparecer en estricto orden alfabético.

10. Sumario de la tesis, que conste de aproximadamente 1,000 palabras (4 páginas a máquina).

IV. *Requisitos de Forma*

1. Todas las citas, directas o indirectas, tendrán una nota al calce para validarlas. Las citas directas deben aparecer a espacio sencillo, sangradas y sin comillas. Las citas cortas de menos de 4 líneas deben aparecer a doble espacio y entre comillas.

2. Los mapas, gráficas, tablas y otras ilustraciones del original aparecerán también en las copias.

3. Las páginas serán numeradas en la esquina superior del margen derecho, comenzando con la primera página del texto de la tesis. Aquéllas que contienen la introducción, serán identificadas con números romanos pequeños.

4. El papel a usarse debe ser "bond" de 20 libras base, tamaño 8-1/2" x, 11". Se dejará un margen de 1 1/2" en el lado izquierdo y en la parte superior del folio u hoja de papel. En el margen derecho e inferior del folio será suficiente una pulgada de margen.

5. Deberán entregarse las copias con una cubierta duradera (Acco Press Binder).

6. El estricto cumplimiento de los requisitos de forma es indispensable para la consideración y aprobación final de la tesis. El Manual de Estilo publicado por la Escuela de Administración Pública se usará como guía para obtener uniformidad en las notas, bibliografía, etc.

V. *Publicación*

1. En caso de publicarse la tesis, se indicará que la misma fue sometida originalmente como requisito parcial para el grado de Maestro en Artes en Administración Pública de la Universidad de Puerto Rico.

2. Una vez publicada, se depositarán cinco copias de la misma en la oficina de la Escuela Graduada de Administración Pública.

3. Los candidatos que deseen publicar el sumario de la tesis deberán depositar 100 copias del mismo en la oficina de la Escuela Graduada de Administración Pública. Dichas copias serán distribuidas a distintas universidades y bibliotecas.

Aprobado en 1956.

APENDICE B[1]

BIBLIOTECA DE LA UNIVERSIDAD DE PUERTO RICO

Descripción, Horario, Salas

CIRCULACIÓN

Horario:

Lunes a Viernes:	7:30 A. M. — 10:00 P. M.
Sábados:	7:30 A. M. — 4:15 P. M.
Domingos y Días Festivos:	8:00 A. M. — 12:00 M.
	1:30 P. M. — 4:15 P. M.

El Departamento de Circulación está al lado del Catálogo y es la sección encargada de prestar libros fuera de la Biblioteca.

Cuando se desea tomar prestado algún libro, es necesario llenar primero una hoja de pedido, copias de la cual se encuentran cerca del Catálogo. Es esencial escribir en ella la siguiente información:

1. la signatura
2. el autor del libro
3. el título del libro
4. la firma de la persona que solicita el libro

Una vez llena la hoja de pedido, debe ser entregada a la persona que esté de turno en el mostrador y presentar la tarjeta de biblioteca. Al traer el libro solicitado, se firma la tarjeta del mismo incluyendo en ella el número que aparece en la tarjeta de biblioteca. Esta tarjeta sirve de identificación.

Se pueden tomar prestado hasta cinco libros a la vez por espacio de dos semanas, al cabo de las cuales hay que devolverlos a Circulación nuevamente. En caso de que no se haya terminado de leerlos, se pueden renovar los libros por dos semanas más, siempre y cuando no exista mucha demanda por los mismos.

LA SALA DE RESERVA

Horario:

Lunes a Viernes:	7:30 A. M. — 10:00 P. M.
Sábados:	7:30 P. M. — 4:15 P. M
Domingos y Días Festivos:	8:00 A. M. — 12:00 M.
	1:30 P. M. — 4:15 P. M.

1. *Manual del estudiante* (Río Piedras, P. R.: 1945), págs. 7-9, 20-21, 26-27.

En los distintos cursos que ofrece la Universidad, los profesores asignan constantemente la lectura total o parcial de ciertos libros. El problema principal de estas asignaciones es que no siempre hay suficientes copias para todos los estudiantes, de ahí la necesidad de que todas las copias de los libros asignados se encuentren accesibles a la mayoría. La Sala de Reserva sirve este propósito, por cuya razón el uso de los libros en ella está restringido y salvo algunas excepciones, no se prestan para ser usados fuera de la Sala.

La Sala de Referencia

Horario:

Lunes a Viernes:	8:00 A. M. — 12:00 M.
	1:00 P. M. — 5:30 P. M.
	7:00 P. M. — 10:00 P. M.
Sábados:	8:00 A. M. — 12:00 M.
Dias Festivos:	8:00 A. M. — 12:00 M.

Durante los años de estudio surge en repetidas ocasiones la necesidad de encontrar información rápida sobre un tema, persona o sitio en particular. La colección de libros que se encuentra en la Sala de Referencia constituye la fuente principal de información de la Biblioteca General. Es pues necesario que todo estudiante conozca su valor y se familiarice, por lo menos con los libros de referencia más importantes.

La Colección Puertorriqueña

Horario:

Lunes a Viernes:	8:00 A. M. — 12:00 M.
	1:00 P. M. — 6:00 P. M.
	7:00 P. M. — 10:00 P. M.
Sábados:	8:00 A. M. — 12:00 M.
	1:00 P. M. — 4:30 P. M.
Dias Festivos:	8:00 A. M. — 12:00 M.

La Colección Puertorriqueña es un centro de investigación para el estudio de todo lo relacionado con Puerto Rico. Es la colección más completa que existe de material sobre Puerto Rico, e incluye: libros, revistas, periódicos, mapas y micropelículas.

Además de todas las obras escritas por puertorriqueños, (aunque no sean en si sobre Puerto Rico) se encuentran también muchos libros escritos por extranjeros pero que en alguna forma tratan sobre la isla. También se conservan en ella ciertos libros por el solo hecho de haber sido publicados en Puerto Rico.

De aquellos libros de los cuales hay copias adicionales se envian ejemplares al Departamento de Circulación y a la Sala de Reserva. Los que se pasan a Reserva tienen también su uso limitado a esa Sala, pero los que se pasan a Circulación se pueden prestar para ser usados fuera de la Biblioteca.

SEGUNDA PLANTA

Sala de Revistas

Horario:

Lunes a Viernes:	8:00 A. M. — 12:00 M.
	1:00 P. M. — 6:00 P. M.
	7:00 P. M. — 10:00 P. M.
Sábados:	8:00 A. M. — 12:00 M.
	1:30 P. M. — 4:15 P. M.

Se encuentran en esta Sala revistas de género popular (tales como *Popular Mechanics* y *Vogue*) y revistas de carácter técnico y especializado (tales como *Journal of Nutrition* y *Revista de Filología Española*). También se encuentran los periódicos del país y los extranjeros (tales como *El Mundo*, el *New York Times* y *La Nación*).

La Sala está dividida en dos secciones: una parte reservada para el uso de revistas exclusivamente y otra parte para usarse como sala de estudios. Los estantes donde se colocan los últimos números de las revistas forman la división entre una y otra parte. Al usar una revista, es necesario entregar los libros en el mostrador. Si se necesita usar números anteriores a los que se exhiben en los estantes, hay que solicitarlos a la persona encargada y presentar la tarjeta de biblioteca. Las revistas no circulan fuera; se deben leer en el sitio reservado para el uso de ellas.

En esta Sala se encuentran también los últimos números de las revistas y periódicos puertorriqueños. Para números anteriores es necesario dirigirse a la Biblioteca encargada.

Fuentes esenciales para trabajos de investigación como índices y directorios, se guardan en esta Sala.

Sala de Música

Horario:

Lunes a Viernes:	8:00 A. M. — 12:00 M.
	1:00 P. M. — 5:00 P. M.
Sábados:	8:00 A. M. — 12:00 M.

Aquí se encuentra una selecta colección de discos clásicos y semiclásicos, dramatizaciones de obras famosas (como el Hamlet, de Shakespeare), y grabaciones especiales para el estudio de idiomas extranjeros (como del francés y el alemán). Estos discos se pueden usar en la Sala solamente; no se prestan fuera de la Biblioteca. Cada persona puede escoger los discos que desee escuchar y llevarlos a una de las mesas donde están los fonógrafos.

Sala de Documentos y Mapas

Horario:

Lunes a Viernes:	7:30 A. M. — 12:00 M.
	1:30 P. M. — 4:30 P. M.
Sábados:	8:00 A. M. — 12:00 M.

Aquí se encuentran todas las publicaciones depositadas en la Biblioteca por diferentes instituciones y organizaciones importantes del mundo. Ellas son:

1. Las agencias y departamentos del gobierno de Estados Unidos. Estas publicaciones son las que llamamos corrientemente documentos. Se encuentran representados en esta colección entre otros, los siguientes temas: agricultura, comercio interior y exterior, salud pública, educación, minería, geología, ciencia, servicio civil, fuerzas armadas, aviación comercial, meteorología, turismo, justicia, política exterior, marina mercante, gobierno, etc. También se encontrarán leyes promulgadas por el Congreso de Estados Unidos, reglamentos de la organización interna de los diferentes departamentos y agencias del gobierno, memorias (records), actas y discusiones de audiencias congresionales y estadísticas sobre cualquier tema.

2. Comisión de Energía Atómica. La mayor parte de estas publicaciones son de carácter técnico y especializado, por lo tanto la colección es usada más bien por personas que realizan algún trabajo especializado de investigación.

3. Naciones Unidas. Estas son publicaciones internacionales que cubren los temas siguientes: desarrollo económico, salud pública, problemas sociales, ley internacional, territorios no-autónomos, comunicación y transporte, energía atómica y control de armamentos, administración internacional, drogas narcóticas, demografía, derechos humanos, rehabilitación, finanzas públicas, presupuestos y estadísticas nacionales e internacionales.

4. Unión Panamericana. Esta colección cubre temas como agricultura, arte, economía, educación, historia, viviendas y planeamiento, ley y relaciones internacionales, literatura, ciencias sociales, estadísticas, filatelia, tecnología y ciencias. Todos estos temas se desarrollan en general e individualmente para los diferentes países de la América Latina.

5. Mapas. En esta colección se encuentran mayormente, mapas del Servicio de Mapas del Ejército de Estados Unidos (Army Map Service) y de la Sociedad Geográfica Nacional (National Geographic Society).

Esta es, por lo tanto, una sala de investigación que complementa y amplía la información que se consigne en la Sala de Referencia. Los documentos y mapas no se pueden prestar fuera de la Sala.

APENDICE C

BIBLIOTECAS DEPARTAMENTALES

Biblioteca de Ciencias Sociales

A. *Información general:*

1. Las facilidades de la Biblioteca de Ciencias Sociales son principalmente para uso de los estudiantes de la Escuela de Administración Pública, los de Trabajo Social y los del Colegio de Ciencias Sociales.

2. Es deber del estudiante cumplir estrictamente con las reglas y reglamentos de esta Biblioteca. Los privilegios de uso de esta colección están sujetos a esa condición.

B. *Horario:*

Lunes a Viernes:
7:30 A. M. — 10:00 P. M.

Sábado:
8:00 A. M. — 5:00 P. M.

Domingos y días festivos:
8:00 A. M. — 12:00 M.

NOTA: En época de exámenes finales la Biblioteca cerrará por las noches a las 10:30 P. M.

C. *Reglas generales:*

1. Todo estudiante que interese usar un libro de esta Biblioteca deberá identificarse presentando su tarjeta de pago.

   a. Al firmar deberá poner su nombre completo y su número de pago.

   b. No se prestarán libros a estudiantes que tengan tarjetas prestadas.

   c. El estudiante cuya firma aparece en la tarjeta de cargo de un libro es responsable del mismo, y estará dispuesto a aceptar la multa que se le imponga si viola alguna de las reglas.

2. Todo estudiante que solicite un libro prestado por una semana, o que pida renovación, deberá cerciorarse de que el asistente ha hecho la anotación correspondiente, tanto en la tarjeta como en el libro.

3. Bajo ninguna circunstancia se permitirá fumar dentro de la Biblioteca.

4. Toda persona que asista a la Biblioteca de Ciencias Sociales, al salir deberá mostrar sus libros, bultos y carpetas a la persona que está sentada en el escritorio al lado de la puerta de salida.

5. El sacar un libro, folleto o revista de la Biblioteca sin la debida autorización será penalizado por una multa, flexible de acuerdo con la gravedad del caso, o por suspensión del privilegio de uso de la Biblioteca, o ambas penas a la vez.

6. Para hacer buen uso de la Biblioteca es imprescindible un ambiente que estimule al estudio. Las conversaciones distraen la atención y no permiten al estudiante concentrar. Es absolutamente necesario que los estudiantes cooperen para que prevalezca en la Biblioteca el ambiente necesario para el estudio.

7. Los casos de reincidencia en la indisciplina serán penalizados con suspensión del privilegio de la Biblioteca.

D. *Reglas Sobre el Uso de la Colección*

1. *Catálogo:*

La Biblioteca tiene un catálogo o fichero que sirve de guía para indicar los libros que posee. Es en sí un tarjetero en orden alfabético, de los autores, temas y títulos de los libros que comprenden la colección. Al margen izquierdo de la tarjeta se encuentra el número de clasificación de la publicación, el cual sirve de guía para localizar el libro en el anaquel correspondiente.

Al solicitar un libro en el mostrador debe llevarse una forma que se encuentra sobre el catálogo indicando el autor, título y número de clasificación.

2. *Libros de Circulación:*

Son los libros que pueden prestarse fuera de la Biblioteca por el término de una semana. Si hay poca demanda por el libro o la Biblioteca tiene varias copias, el período puede extenderse a 2 semanas. *No* se renovarán libros por una tercera semana a menos que exista un motivo justificado, y previa aprobación de la persona a cargo de la Biblioteca. El máximo de libros que podrá tener fuera un estudiante es de 5.

Multas: Los retrasos en la devolución de los libros serán multados a razón de 5 centavos por día.

3. *Libros de Reserva:*

Los libros de Reserva son aquéllos separados por los profesores para servir de lectura adicional en sus cursos. Debido a lo limitado del número de ejemplares en proporción al número de estudiantes, estos libros tienen su uso más reglamentado. Se usarán única y exclusivamente dentro de la Biblioteca. A partir de las 9:30 P. M. se podrán prestar hasta el día siguiente, para ser devueltos a las 8:00 A. M.

Los libros que se encuentran en Reserva y que tienen su uso regulado por horas *no se prestan* nunca fuera de la Sala.

Multas:

a. Todo libro de Reserva que se lleve fuera de la Biblioteca sin la debida autorización tendrá una multa de 50 centavos diarios.

b. Todo libro prestado para las 8:00 A. M., si es devuelto tardíamente, tendrá una multa de 25 centavos por la primera hora, 5 centavos adicionales después de las 10:00 A. M., 5 centavos más si es devuelto por la tarde y otros 5 centavos si lo entregan por la noche. Si el libro no es devuelto antes de las 10:00 P. M. de este día, tendrá una multa de 50 centavos diarios a partir de ese día.

c. El libro que tiene su uso reglamentado por horas deberá devolverse al mostrador a la hora que se vence. Si no hay demanda en este momento, el estudiante tiene derecho a que se le renueve por 2 horas más. Tendrá una multa de 25 centavos por cada hora de atraso y si el libro es retenido por más de un día, la multa será de $1.00 diario, a partir del segundo día, más lo acumulado durante el primer día.

4. *Libros de Referencia:*

Son aquéllos que se consultan para buscar alguna información específica y rara vez se leen por completo. Ej.: diccionarios, enciclopedias, manuales, colecciones de leyes o decisiones, etc. Estos libros son para uso exclusivo dentro de la Biblioteca. Bajo ninguna circunstancia se permiten sacar fuera de la Sala.

5. *Revistas y Periódicos:*

La Biblioteca está suscrita a unas 150 revistas, además de los periódicos: El Mundo, El Imparcial, New York Times. Estas *no* circulan fuera de la Biblioteca.

6. *Folletos y Lecturas Estarcidos:*

La Biblioteca posee además una colección de folletos y publicaciones misceláneas, de Puerto Rico, Estados Unidos y otros países. *No* circulan fuera de la Biblioteca.

Hay una serie de lecturas estarcidas que se usan como lecturas adicionales en los distintos cursos. Estas lecturas son para uso exclusivo dentro de la Biblioteca.

7. Los libros que no se prestan fuera de la Biblioteca tendrán una multa de $1.00 diario si son llevados sin permiso.

8. Todo estudiante que pierda un libro de esta Biblioteca debe pagar el costo original del libro más un 20% de su costo, por la labor de reponer ese libro. Se aceptarán a cambio libros que correspondan en título y autor, edición y condiciones, a los que han perdido.

9. *Multas:*

Las multas acumuladas durante el semestre serán informadas por correo a los estudiantes al finalizar el semestre de clases. Deberán pagar la cantidad adeudada en la Oficina del Receptor Oficial de la Universidad de Puerto Rico y si deciden enviar cheque o giro postal deberán hacerlo pagadero al: Tesorero — Universidad de Puerto Rico.

10. *Propiedad Retenida:*

Todo libro que no sea devuelto al finalizar el semestre de clases será informado a la Oficina del Receptor Oficial de la Universidad de Puerto Rico como propiedad retenida. El estudiante deberá pagar las multas que adeude y además entregar la propiedad que tenga para tener derecho a recibir sus notas, diplomas y además poder matricularse en la Universidad de Puerto Rico.

Biblioteca de Ciencias Naturales

A. *Información general:*

Esta Biblioteca consta de aproximadamente 7,117 volúmenes. En ella se encuentra información específica en el campo de las ciencias naturales, además de libros de referencia: diccionarios y enciclopedias generales y científicas, tratados, manuales, algunos libros de texto, bibliografías, índices y sumario (abstracto). También posee alrededor de 3,386 revistas encuadernadas.

B. *Horario:*

Lunes a Viernes:

7:30 A. M. — 6:00 P. M.
7:00 P. M. — 10:00 P. M.

Sábados:

7:30 A. M. — 4:30 P. M.

Domingos y días feriados:

8:00 A. M. — 12:00 M.

Biblioteca de la Escuela de Derecho

A. *Información general:*

La Biblioteca de la Escuela de Derecho, que cuenta con alrededor de 28,000 volúmenes, principalmente tratados, códigos, cuerpos de leyes, colecciones de jurisprudencia y revistas jurídicas, tanto de Puerto Rico y Estados Unidos, como de Latinoamérica y Europa, también resulta de gran ayuda para los estudiantes de Administración Pública. Asimismo, los Colegios de Pedagogía y de Medicina de la Universidad de Puerto Rico cuentan con bibliotecas especializadas, que pueden ser fuentes de información para los estudiantes de Administración Pública.

B. *Horario:*

Lunes a Viernes:

8:00 A. M. — 12:00 M.
1:30 P. M. — 5:00 P. M.
7:00 P. M. — 10:00 P. M.

Sábados y días feriados:

8:00 A. M. — 12:00 M.

BIBLIOGRAFIA

BIBLIOGRAFIA

Alonso, Martín. *Ciencia del lenguaje y arte del estilo*. 4ta ed.; Madrid: Aguilar, 1955. 1502 págs.

Baumeister, Edmund J. *Método para la redacción de disertaciones y tesis universitarias*. Ponce, Puerto Rico: Universidad Católica de Puerto Rico, 1955. 49 págs.

Boyd, Anne Morris. *United States Government Publications*. 3ra ed.; Nueva York: H. W. Wilson Co., 1949. 627 págs.

Brumbaugh, Martin A. y Lester S. Kellog. *Business Statistics*. Chicago: R. D. Irwin Incorporated, 1949. 913 págs.

Campbell, William Giles. *A Form Book for Thesis Writing*. Nueva York: Houghton Mifflin Company, 1939. 123 págs.

Cole, Arthur H. y Karl W. Bigelow. *A Manual of Thesis Writing for Graduates and Undergraduates*. Nueva York: J. Wiley and Sons, Inc., 1934. 48 págs.

Cooper, Charles W. y Edmund J. Robins. *The Term Paper, a Manual and Model*. 3ra ed.; Standford, California: Standford University Press, 1947. 31 págs.

Cordasco, Francesco y Elliott S. M. Gatner. *Research and Report Writing*. Nueva York: Barnes and Noble, Inc., 1955. 142 págs.

Diccionario enciclopédico abreviado. 2da ed.; Buenos Aires, Argentina: Espasa-Calpe, S. A., 1945. Tomo IV. 1024 págs.

Dugdale, Kathleen. *A Manual of Form for Thesis and Term Reports*. Bloomington, Indiana: The Indiana University Bookstore, 1951. 58 págs.

Douglas E. Scates. *Methods of Research*. Nueva York: Appleton Century Crafts, Inc., 1954. 920 págs.

Eells, Hastings, *Writing a Thesis, a Guide to Writing Term Papers, Thesis and Long Reports*. 4ta ed.; Yellow Springs, Ohio: The Antioch Press, 1947. 41 págs.

Estados Unidos. *Constitución de los Estados Unidos*. Art. I. Sec. VIII.

————. Public Law. No. 349. 35 *United States Statutes at Large* 1067-1088 (1909).

————. The Library of Congress. *Rules for Descriptive Cataloging in the Library of Congress*, adopted by the American Library Association. Washington, D. C.: 1949. 141 págs.

Freedman, Paul. *The Principles of Scientific Research*. Washington, D. C.: Public Affairs Press, 1950. 222 págs.

Gee, Wilson. *Social Science Research Methods*. Nueva York: Appleton Century Crafts, Inc., 1950. 390 págs.

Good, Carter V. *How to do Research in Education*. Baltimore: Warwick and York, Inc., 1929. 298 págs.

Hicks, Frederick C. *Materials and Methods of Legal Research.* 3ra ed.; Rochester, Nueva York: The Lawyers Co-Operative Publishing Company, 1942. 659 págs.

Hurt, Peyton. *Bibliography and Footnotes, A Style Manual for Students.* Los Angeles: University of California Press, 1949. 168 págs.

Linton, Calvin D. *How to Write Reports.* Nueva York: Harper and Brothers, 1954. 240 págs.

Mudge, Isadore Gilbert. *Guide to Reference Books.* Chicago: American Library Association, 1936. 504 págs.

Muñoz Amato, Pedro. *Introducción a la administración pública.* México: Fondo de Cultura Económica, 1954. 260 págs.

——————, *et al. La nueva constitución de Puerto Rico,* informes a la Convención Constituyente preparados por la Escuela de Administración Pública de la Facultad de Ciencias Sociales. Río Piedras, Puerto Rico: 1954. 609 págs.

Nicholson, Margaret. *A Manual of American Copyright Practice for Writers, Publishers, and Agents.* Londres: Oxford University Press, 1946. 237 págs.

O'Neill, Ana María. *La psicología en la correspondencia comercial.* 3ra ed.; México: Altamira, 1946. 404 págs.

Pfiffner, John M. *Research Methods in Public Administration.* Nueva York: The Ronald Press Company, 1940. 447 págs.

Puerto Rico. Junta de Planificación. *Informe económico al Gobernador,* 1957. San Juan, Puerto Rico: [1957]. 106 págs.

Puerto Rico. Universidad de Puerto Rico. Biblioteca General. *Manual del estudiante,* adaptación hecha por Josefina del Toro. Trabajo mimeografiado. Río Piedras, Puerto Rico: 1944. 26 págs.

——————. *Manual del estudiante,* adaptación hecha por Josefina del Toro. Trabajo mimeografiado. Río Piedras, Puerto Rico: 1945. 28 págs.

Puerto Rico. Universidad de Puerto Rico. Colegio de Administración Comercial. Departamento de Inglés. *How to Use the Library,* por Dora Sugrañes. Río Piedras, Puerto Rico: 1954. 39 págs.

Puerto Rico. Universidad de Puerto Rico. Colegio de Ciencias Sociales. Escuela de Administración Pública. *Manual para el uso de la Biblioteca de Ciencias Sociales.* Trabajo mimeografiado. Río Piedras, Puerto Rico: 1957. 35 págs.

——————. *Statistical Graphical Presentation,* por Mary B. Novick y Víctor R. Hernández. Río Piedras, Puerto Rico: 1949. 60 págs.

——————. Universidad de Puerto Rico. Escuela de Trabajo Social. *Direcciones y recomendaciones para la preparación de tesis.* Trabajo mimeografiado. Río Piedras, Puerto Rico: 1944. 26 págs. Este trabajo fue revisado por la Escuela de Trabajo Social en 1956.

Shelton Hubbell, George. *Writing Term Papers and Reports.* 4ta ed.; Nueva York: Barnes and Noble, Inc., 1955. 164 págs. (College Outline Series.)

Spahr, Walter Earl y Rinehart John Swenson. *Methods and Status of Scientific Research.* Nueva York: Harper and Brothers, 1930. 533 págs.

Turabian, Kate L. *A Manual for Writers of Term Papers, Thesis and Dissertations.* Chicago: The University of Chicago Press, 1937. 61 págs.

The University of Chicago. *A Manual of Style.* Chicago: The University of Chicago Press, 1949. 498 págs.

Wellesley College. Department of English. *Wellesley Handbook of English Composition.* Wellesley, Massachusetts: 1946. 64 págs.

Whitney, Frederick Lamson. *The Elements of Research.* 3ra ed.; Nueva York: Prentice Hall, Inc., 1950. 539 págs.

Wilcox, Jerome K. *Manual on the Uses of State Publications.* Chicago: American Library Association, 1940. 342 págs.

William, Cecil B. y Allan H. Stevenson. *A Research Manual.* Nueva York: Harper and Brothers Publishers, 1940. 264 págs.

Winchell, Constance M. *Guide to Reference Books.* 7ma ed.; Chicago: American Library Association, 1951. 645 págs.

Wooton, Bárbara. *Libertad con planificación.* México: Fondo de Cultura Económica, 1946. 210 págs.

Yaggy, Elinor. *How to Write Your Term Paper.* Los Altos, California: Howard Chandler, Publishers, 1958. 62 págs.

Young, Pauline V. *Scientific Social Surveys and Research.* Nueva York: Prentice Hall, Inc., 1946. 619 págs.

INDICE DE MATERIAS

INDICE DE MATERIAS

A

B

C

D

E

F

G

H

I

J

L

LL

M

N

O

P

Q

R

S

T

U

V

W